교실을 엿보다

: 선생님의 열두 달

Foreign Copyright:
Joonwon Lee
Address: 10, Simhaksan-ro, Seopae-dong, Paju-si, Kyunggi-do,
          Korea
Telephone: 82-2-3142-4151
E-mail: jwlee@cyber.co.kr

교실을 엿보다 : 선생님의 열두 달

2019. 6. 27. 초 판 1쇄 인쇄
2019. 7. 5. 초 판 1쇄 발행

검
인

지은이 | 김성효 선생님 외 14명
펴낸이 | 이종춘
펴낸곳 | **BM** (주)도서출판 **성안당**
주소 | 04032 서울시 마포구 양화로 127 첨단빌딩 3층(출판기획 R&D 센터)
      10881 경기도 파주시 문발로 112 출판문화정보산업단지(제작 및 물류)
전화 | 02) 3142-0036
      031) 950-6300
팩스 | 031) 955-0510
등록 | 1973. 2. 1. 제406-2005-000046호
출판사 홈페이지 | **www.cyber.co.kr**
ISBN | 978-89-315-8797-5 (03370)
정가 | **14,000원**

이 책을 만든 사람들

기획 | 최옥현
진행 | 오영미
교정 · 교열 | 이진영
본문 디자인 | 신인남
표지 디자인 | 박원석
홍보 | 김계향
국제부 | 이선민, 조혜란, 김혜숙
마케팅 | 구본철, 차정욱, 나진호, 이동후, 강호묵
제작 | 김유석

★★★
www.**cyber**.co.kr
성안당 Web 사이트

■ 도서 A/S 안내

성안당에서 발행하는 모든 도서는 저자와 출판사, 그리고 독자가 함께 만들어 나갑니다.
좋은 책을 펴내기 위해 많은 노력을 기울이고 있습니다. 혹시라도 내용상의 오류나 오탈자 등이 발견되면 **"좋은 책은 나라의 보배"**로서 우리 모두가 함께 만들어 간다는 마음으로 연락주시기 바랍니다. 수정 보완하여 더 나은 책이 되도록 최선을 다하겠습니다.
성안당은 늘 독자 여러분들의 소중한 의견을 기다리고 있습니다. 좋은 의견을 보내주시는 분께는 성안당 쇼핑몰의 포인트(3,000포인트)를 적립해 드립니다.
잘못 만들어진 책이나 부록 등이 파손된 경우에는 교환해 드립니다.

교실을
엿보다

: 선생님의 열두 달

선생님들의 사계절 공감 에세이

김성효 선생님 외 **14명** 지음

BM 성안당

'같이'의 가치

글을 쓰는 일은 언제나 외롭습니다. 혼자 수많은 시간을 모니터 앞에서 보내야 합니다. 그뿐인가요. 아무리 글을 열심히 써도 마음에 완벽하게 들어차기란 쉽지 않습니다. 끝없이 고치고 쓰고, 썼다가 지웠다가를 반복해야 합니다. 이 외로운 싸움을 누군가와 함께할 수 있다면 얼마나 좋을까, 자주 생각했습니다. 함께 책을 쓰고 글을 쓰는 글쓰기 동지들이 있다면 좋겠다고 오래 생각했고, 그 생각은 2018년 1월 현실이 됐습니다.

바람이 몹시도 찼던 날, 서울 강남역 작은 모임 공간에 열여섯 분의 선생님이 모였습니다. 김누리, 김래연, 김상미, 김성효, 김소원, 김진영, 김진향, 류윤환, 박미정, 서영배, 유힘찬, 이지애, 이재은, 이현아, 정아령, 한지혜, 열여섯 분의 선생님이었습니다. 이들이 예작 1기 멤비입니다.

그렇게 "성효 쌤과 함께하는 예비 작가 모임(이하 예작)"이 세상에 첫발을 내디뎠습니다. 글쓰기를 배우고 싶어 하고, 함께 글을 쓰고 싶어 하는 선생님들의 모임이었습니다. 전국 최초로 글쓰기와 책 쓰기에 특화된 교사 모임이 탄생한 순간이었죠. 전국에서 모였기에 선생님들이 활동하시는 곳도 몹시 다양했습니다. 멀리 경북과 울산에서, 서울과 대전에서, 경기와 인천에서, 전북에서 와 주신 선생님들에게 모임 때마다 얼마나 고마웠는지 모릅니다.

예작 선생님들은 함께 글을 썼고 이야기를 나누었고 글쓰기를 공부했고, 책을 펴낸 유명 작가님들께 글쓰기 특강을 들었습니다. 책을 쓰고 싶어 하는 예작 선생님들의 마음이 얼마나 뜨거웠는지는 다녀가신 특강 강사님들 모두가 알고 계십니다. 그분들은 우리 선생님들의 열정에 하나같이 감동하셨습니다.

예작 선생님들 모두가 매달 한 권씩 서평과 수필을 썼습니다. 여럿이 함께 글을 썼기에 많은 것을 함께 깊이, 그리고 뜨겁게 나누었습니다. 때로는 선생님들이 쓴 글을 읽으면서 함께 울기도 했고, 때로는 서로의 글에 감탄하고 감동했습니다. 저도 선생님들 글을 읽다가 여러 번 울었습니다. 참으로 따뜻하고 고마운 시간들이었습니다. 물론 좋은 날만 있었던 것은 아니었습니다. 힘들고 지쳤던 날도 많습니다. 그러나 그 시간들이 있었기에 예작이 이만큼 앞으로 나아왔다고 믿습니다.

1년 동안 제가 가장 크게 배운 것은 글쓰기가 생각을 글로 쓰는 것이 다가 아니라는 것입니다. 글쓰기 너머에는 분명 치유와 행복이 있다는 것을, 저는 지난 1년을 지나오면서 깨달았습니다. 그것은 예작을 이끌어 온 저에게도 큰 울림이었습니다. 함께 글을 쓴다는 것이 서로 영혼을 마주하는 것임을 지금은 잘 압니다. '같이'의 가치를 어렵게 찾은 것이죠.

교사는 누구나 1년을 기준으로 삽니다. 우리에겐 봄이 3월 2일과 함께 찾아오고, 여름 방학과 겨울 방학을 시작해야만 비로소 여름과 겨울을 맞습니다. 교실에서 크고 작은 우여곡절과 수많은 사건 사고를 겪으면서 교사도 성장하고 배움도 깊어 갑니다. 이 책은 예작 선생님들뿐 아니라 대한민국 모든 선생님들의 삶을 이야기하는 책이기도 합니다.

이번 공저에서는 예작 선생님들이 세상에 들려주고 싶었던 교육 이야기들을 봄, 여름, 가을, 겨울로 묶었습니다. 선생님들이 들려주는 따뜻하고 감동적인 이야기를 읽으면서 독자들의 가슴에 교사의 한해살이가 아름답게 남아 주기를 기대합니다.

올해는 예작 2기 선생님들을 만났습니다. 아마도 내년에는 예작 3기 선생님들을 또 만나겠지요. 정말로 열심히 책을 쓰고, 좋은 글로 세상을 이롭게 하고자 하는 선생님들이 참 많습니다. 이들이 세상을 바꾸고 대한민국 공교육을 바꾸는 주인공이라고 확신합니다.

지난 1년 동안 함께 해 준 예작 1기 선생님들 모두에게 깊이 감사합니다. 고맙습니다.

2019년 6월

예작 대표 성효 샘 씀

PART .1

봄

"이로써 결혼이 성립되었음을
엄숙히 선언합니다."

김성효

많은 이들이 박수를 보냈다. 성혼선언문 마지막 문장은 짧고 묵직했다. 네가 결혼을 하는구나. 너무 떨려서 차마 고개를 들지 못했던 나는 그제야 고개를 들었다. 9월의 신부가 된 아름다운 네가, 오래 전 나를 그렇게나 속 썩이고 슬프게 하던 네가 훌쩍 자라 어른이 되어 거기 서 있었다. 나는 아직도 열세 살 때 너를 기억하는데, 너는 언제 그렇게 큰 걸까. 왠지 뭉클하고 눈물이 자꾸 날 것 같아서 너를 똑바로 마주볼 수가 없었다.

그해 아이들은 어쩌면 그렇게도 속을 썩였는지 모르겠다. 허구한 날 싸우고 울고 누군가는 다쳤다. 아이들이 울고불고 난리 칠 때마다 너는 그 가운데에 있었다. 말 안 듣고 속 썩이기로 유명했던 몇몇 무리에서 언제나 말없이 지켜보던 너였다. 처음에는 좋게 시작했는데 어쩌다가 이렇게 멀어졌을까, 너를 볼 때마다 생각했더랬다. 우리의 시작은 정말로 괜찮았으니까.

"선생님 머리 만져도 돼요? 저는 다른 사람 머리 만지는 게 좋아요."
너는 쉬는 시간에 곁에 와서 내 머리를 만지곤 했다.
"머리 만지는 게 왜 좋아?"
"그냥요. 저는 이렇게 다른 사람 머리 만지고 빗어 주는 게 좋아요."
"그럼 들릴 때마다 와서 머리 만져 줘. 선생님은 누가 머리 만져 주면 좋더라."
인간이 다른 사람에게 머리를 맡긴다는 것은 상대가 해치지 않을 거라고 믿는다는 뜻이다. 네가 머리를 만질 때면 내 마음도 한없이 풀어지곤 했다. 어릴 때도 너는 머리 땋는 솜씨가 제법이었다. 네가 빗어 주는 머리와 땋아 주는 머리는 언제나 맘에 들었다.

그러던 어느 날이었다. 수업을 하는데 네가 머리를 자꾸만 옆으로 넘겼다. 이렇게 쓸어 넘겼다가 저렇게 쓸어 넘겼다가 하면서 수업 시간 내내 머리만 만졌다. 왠지 모르겠는데, 그날은 그런 네가 거슬렸다.

"너는 오늘 왜 머리를 그렇게 넘기는 건데?"

그 말에 머리를 넘기다 말고 너는 나를 빤히 보았다. 안 그래도 동그랗고 큰 눈이 더 동그래졌다.

"그게, 아, 그, ⋯."

못된 선생. 나는 네 말을 끝까지 들어 주지 않았다.

"누가 고무줄 좀 줘라. 머리 묶어. 수업에 집중해."

그 다음부터였을까. 너는 서서히 나와 멀어졌다. 네가 선생님과 사이 나쁜 아이들 가운데 하나가 된 뒤 어느 날 갑자기 깨달았다. 더이상 네가 쉬는 시간에 내 머리를 만지지 않는다는 걸, 네가 더는 나를 따뜻하게 봐 주지 않는다는 걸.

시간이 흘렀다. 너희들은 졸업을 했다. 더는 수업 시간에 지지고 볶지 않아도 됐다. 왜 자꾸 화나게 하냐고 소리 지르지 않아도 됐다. 너희들을 안 보니 마음이 그렇게나 편할 수가 없었다. 김성효 선생님 삶에 유일한 흑역사라고 스스로 말하는 너희들과의 시간은 그렇게 잊혀졌다.

너희들을 까맣게 잊고 살던 이느 날이었다. 머리를 하러 갔다가 미용실에서 너를 우연히 만났다.

"혹시 김성효 선생님 아니세요?"

"어, 맞는데… 누구?"

"선생님, 저 재희예요."

노랗게 탈색한 긴 머리, 한눈에 알아보기 어려웠지만 동그랗고 큰 눈, 네가 맞았다.

"와, 진짜 오랜만이네. 너무 반갑다. 이 미용실에서 일하는 거야?"

그날 내 머리를 감기면서 너는 짧은 이야기를 들려줬다. 대학에서 미용을 전공했고, 미용실에서 보조로 일을 시작했다고. 서울로 가서 더 경험을 쌓을 거라고, 여긴 너무 좁고 배울 게 없다고 고개를 끄덕이면서 네 이야기를 듣던 중에 네가 해 준 뜻밖의 이야기. 넌 기억하려나.

"선생님, 그때 제가 엄청 속 썩였잖아요."

"그랬지. 선생님이 그때는 잘 못 가르쳐서 그랬나 봐."

"아니에요. 처음에는 저 선생님 되게 좋아했어요."

"근데 왜?"

가슴이 순간 쿵 했다. 수없이 생각했던 '왜 그랬을까'를 드디어 듣는 거였다.

"선생님이 저 머리 새로 하고 간 날 머리 묶으라고 했어요. 그런데 그게 어찌나 기분 나쁘던지…."

세상에.

너는 그날 새로 머리를 하고 왔던 거였다. 매직 스트레이트라고 찰 랑이는 머릿결을 자랑하게 만드는 비싼 파마를 하고 왔는데, 나는 그 것도 모르고 너한테 머리를 묶으라고 했던 거다.

"그래서 그것 때문에 내가 싫어졌다고?"

"네. 그래서 싫어졌어요."

"…."

할 말이 없었다. 그래, 그렇지. 사춘기 아이들은 아주 작은 일 하나 로도 선생과 사이가 멀어지기도 하고, 때론 온전하게 회복되기도 한 다. 그렇지만 그땐 그런 걸 몰랐다. 그저 왜 그럴까, 왜 그럴까 수십 번 수백 번 생각만 했다. '다시 와서 머리를 만져 주면 얼마나 좋을까.' 그 렇게 생각만 했는데 네가 진짜로 머리를 만져 주는 사람이 될 줄이야.

우리가 다시 만났을 때 너는 내가 다니던 단골 미용실 디자이너로 왔다. 세련된 차림에 자신감 넘치던 네 모습이 얼마나 당당해 보이던지. 너는 그때 꿈꾸던 대로 서울에 가서 경력을 쌓았고, 수많은 손님들에게 머리를 해 줬다고 했다. 너는 곧 미용실을 차렸고 원장님이 됐다. 나는 자연스레 네 단골이 됐다.

"선생님, 저 결혼해요."

"재희야, 너무 너무 축하해. 안 믿어져. 선생님도 기뻐."

"부탁이 하나 있어요. 꼭 들어주시면 좋겠어요."

놀랍게도 넌 내게 성혼선언문을 읽어 달라고 했다. 주례 없는 결혼식을 하기에 성혼선언문을 누군가 읽어 주어야 한다고 했다. 얼결에 승낙했고, 성혼선언문을 검색하다가 알게 됐다. 성혼선언문은 보통 신부의 아버지가 읽는다. 신부 아버지가 해야 할 귀중한 일을 너는 내게 맡긴 것이었다.

"선생님이 안 해 주신다고 할까 봐 엄청 걱정했어요. 선생님, 정말 감사해요. 당일에는 저희 미용실에서 머리 하고 오세요. 공짜로 해 드리는 거예요."

특별히 그날은 머리를 공짜로 해 주겠다면서 쾌활하게 웃던 너. 네가 시킨 대로 네 미용실에서 머리를 했다. 식장으로 가는 내내 떨렸다.

성혼선언문을 다 읽은 다음 네 눈에 번지던 눈물이 그날 나를 어찌나 울컥하게 하던지….

　요즘은 미용실에 갈 때마다 말한다.
　"제가 선생님 자랑 많이 해요."
　재희야, 너는 모르겠지만 나도 많이 자랑한단다. 어딜 가나 꼭 하는 말.
　"이 머리 우리 제자가 해 준 거예요."

　시간이 더 흘러 네가 아이를 낳고 엄마가 되고, 늙어갈 때도 그 모습을 지켜볼 수 있으면 좋겠다. 선생님은 여전히 너를 사랑하니까.

짝사랑 탈출기

이재은

'1년 동안 행복했어요. 6학년이 되어서도 학교생활 재밌게 하길 바라요.'

올해의 짝사랑도 끝났다. 열렬히 사랑했지만 돌아오는 사랑은 나를 늘 목마르게 했다. 짝사랑의 유통 기한은 1년이었다. 1년이면 족했다. 매년 3월 1일이면 새로운 짝사랑을 위해 작년 반 아이들과 학부모님들의 연락처를 지웠다. 성인이 되어서 나를 찾는 아이들과만 다시 연락해야지 하면서.

누구지? 새 학교로 옮긴 지 얼마 되지 않은 어느 날이었다. 낯선 번호다. 모르는 번호가 뜨면, 잔뜩 성난 학부모일까 덜컥 겁이 난다.

'후' 하고 숨을 크게 쉬고 전화를 받았다.

"선생님, 저 정인이에요. 잘 지내셨어요?"

다행히 작년 우리 반 여학생이다. 자기주장이 강해 친구들과 자주 다퉈 나를 많이 힘들게 했었는데, 무슨 문제가 있나 덜컹했다.

"작년 반 친구들이 선생님을 많이 보고 싶어 해요. 5월에 애들이랑 선생님 뵈러 가도 돼요? 가겠다는 애들이 많아서 선생님 편한 시간 말씀해 주시면 인원을 나눠서 갈게요."

반가웠지만 3월이니까 작년 선생님이 그리운 게지, 새 학년에 적응하면 잊어버리겠지, 생각했다.

5월이 되었다. 새 학교와 새 업무에 적응하느라 3, 4월이 후다닥 지나갔다. 쉬는 시간에 휴대전화 카톡을 보니, 작년에 같이 근무했던 선생님의 연락이 와 있었다.

'선생님. 오늘 태홍이랑 친구들이 선생님 보러 간다는데? 아침부터 엄청나게 들떴어.'

아차, 까맣게 잊고 있었다. 갑자기 머릿속이 분주해졌다. 작년 아이들과 관계는 좋았지만 어떤 얘기를 나눌까, 분위기가 어색해지면 어떻게 하지, 온갖 걱정이 다 들었다. 서로의 행복했던 기억을 작년에 멈춰 놓고 싶었다. 괜히 좋았던 기억마저 흐려질까 염려됐다. 아이들에게 5월 내내 연수가 있어 시간이 안 된다고 둘러대리라 마음먹었다.

전화가 왔다. 거짓말을 해야 하니 마음이 영 편치 않았다. 와서 불편해지는 것보다는 낫겠지 생각하며 전화를 받았다.

"선생님, 저 정인이 엄마예요. 애들이 선생님 뵈러 간다고 해서 너무 기특하더라고요. 제가 학교로 태우고 왔어요."

학부모님이다. 아이들이 학교 앞에 이미 왔단다. 어색한 내 모습을 티 내지 말아야지. 불안한 마음에 입술만 잘근잘근 깨물며 처음 건넬 말을 계속 생각했다.

'얘들아, 오랜만이다. 6학년 생활은 재밌니?'

웅성웅성, 아이들 오는 소리다. 아이들도 들어오지 못하고 복도에서 서성였다. 내가 잘 지냈냐며 먼저 말을 건넸다. 아이들은 주섬주섬 주머니에서 과자와 편지, 내가 좋아하는 연예인 사진을 꺼내 내밀었다. 자기들끼리 용돈을 모아 사 왔을 생각을 하니 기특했다. 함께 바닥에 둘러앉아 교실에 있던 간식들을 먹으며 이야기를 나눴다. 아이들은 신이 나서 요즘 6학년에 새로 탄생한 커플, 수학여행 추억, 담임 선생님들 이야기, 작년 반 이이들의 근황 등을 말해 주었다. 소소한 이야기에도 웃음이 끊이지 않았다. 작년 우리 반 교실 같았다.

나 자신이 부끄러웠다. 소소하게 이야기 나누는 것도 이렇게 재미 있는데, 아이들이 찾아오는 걸 부담스러워 했으니 말이다. 작년에 내 마음을 아프게 했던 남학생도 지금 보니 참 예쁘다. 작년에 조금만 더 참고 품어 줄 걸 그랬다. 나는 짝사랑 전문 교사이니 아이들은 사랑하 다 지친 내 마음을 몰라 줄 거라 생각했다. 항상 선생님들의 제자 이 야기가 부러웠지만, 제자는 6학년 담임 교사에게만 있는 줄 알았다. 누가 5학년 선생님을 기억하겠나 싶었다. 아이들의 마음을 내 멋대로 판단하고 혼자 상처받은 거다. 아이들이 이렇게 예쁜 줄 작년에는 몰 랐다.

가기 전에 아이들이 편지를 건넸다. 버스 타고 간다는 아이들을 바래다 주고, 편지를 읽었다. 어떤 학생은 교복을 입어도 5학년 때 선생님과 함께 했던 추억을 잊지 못할 거라고, 매년 스승의 날마다 꼭 찾아뵐 거라고 약속했다. 나를 본보기로 삼아 초등학교 선생님이 되고 싶다는 학생도 있었다. 1년 동안 선생님 말씀 잘 들으라고 올해 우리 반 아이들에게 줄 선배 편지도 써 왔다. 울컥했다. 나에게도 제자가 생긴 것 같아 마음이 찡했다.

다음 날 올해 반 아이들에게 편지를 읽어 주었다. 모두 감동한 눈치였다. 선생님 멋지다고 난리가 났다. 너희도 선생님과 함께 1년을 잘 보내서 이렇게 멋진 선배가 되라고 이야기하니, 아이들은 큰 결심이라도 한 듯 고개를 끄덕였다. 아이들을 향한 사랑, 결코 나 혼자 한 사랑이 아니었다. 우린 서로 사랑했다. 지금도 그 사랑은 이어지는 중이다. 앞으로 찾아오는 아이들을 두려워하지 않을 것이다. 다음 주에 온다는 제자들은 꼭 두 팔 벌려 안아줄 테다!

애인 있어요

김소원

갈바람이 부는 한서울인데도 내 손은 땀범벅이다. 드르륵 문을 열고 땅을 바라본 채 교무실로 조심스레 들어갔다. "안녕하세요…." 기어들어 가는 목소리로 인사를 하고 소파에 가서 앉았다. 옆에는 나 못지않게 긴장한 사람이 앉아 있었다. 발령 동기구나, 직감적으로 알았다. 언니와의 첫 만남이었다.

첫해에는 다른 학년에 배정을 받았다. 구관이 명관이라고 낯선 학교에서 그나마 좀 아는 언니와 같은 학년이 되고 싶었는데 안타까웠다. 그래도 언니가 우리 반 전담 수업을 들어오게 되면서 부쩍 가까워졌다. 간간이 따로 만나 저녁을 먹었다. 하지만 가끔 서로 모르는 이야기가 나오면, 같은 학년이면 더 좋았을 텐데 하는 아쉬움이 따라다녔다.

"올해는 동학년 쓰는 거다!"

다음 해 맡을 학년 지원서를 쓸 때 내가 한 말이다. 동학년이 되면 좋은 점이 많았다. 수업에 대한 고민도 함께 할 수 있고, 어려운 일이 생기면 곧바로 도움을 요청할 수도 있었다. 우리는 한참 고민한 끝에 고학년에 같이 지원했다. 처음 맡는 낯선 학년에 배정되었지만 언니랑 함께여서 다행스러웠다.

우리는 더욱 친해졌다. 학교에서 함께 보내는 시간이 늘었다. 부탁할 일이 생기면 서로를 먼저 찾았다. 좋은 수업 자료를 공유하고, 각자 업무가 어려울 때 도와주었다. 아직 서투른 초보 교사들이지만 혼자보다는 둘일 때 더 좋은 결과가 따랐다. 그 또래끼리 할 만한 고민들도 나누면서 서슴없는 사이가 되었다.

우리의 수다는 퇴근 후에도 이어졌다. 퇴근할 때면 운전을 하는 언니가 근처 역까지 자주 데려다줬다. 누가 들을까 봐 못했던 이야기는 차 안에서 실컷 했다. 이야기하다 보면 어느새 역이 아니라 식당으로

가 있었다. 학교 밖을 나가야 하는 일이 생길 때면, 고민도 없이 언니 차를 찾아 조수석에 탔다. 우리의 역할 분담은 확실했다. 언니는 운전을 하고, 나는 이야기를 했다.

둘 다 자취를 했고, 요리는 못 했다. 우리는 자연스레 저녁밥 친구가 되었고, 우리의 수다는 퇴근 후에도 쭉 이어졌다.

"둘이 부부네. 밥 같이 먹으면 부부야."

우리를 보며 다른 선생님께서 농담처럼 말씀하셨다. 맞는 말 같다. 언니와 꽤나 오랜 시간을 보내기 때문이다. 나는 "맞아요. 제 애인이에요."라고 넉살 좋게 답했다.

언니의 존재는 큰 위로가 된다. 교사의 마음을 가장 잘 이해하는 사람은 단연 교사다. 학교에서 비슷한 일상을 겪기 때문이다. 오늘 내가 한 경험은 누군가 어제 겪은, 혹은 내일 겪을 일일 수도 있다. 꺼내고 싶은 이야기가 있을 때 나는 곧바로 언니를 찾는다. 학교 안에 마음 맞는 동료가 있다는 건 행복한 일이다.

사실 언니와 나는 성격이 다르다. 주변 변화를 잘 느끼고 미주알고주알 말하는 나와 달리, 언니는 무던하고 이야기를 듣고 호응해 주는

편이다. 그래서인지 더 편안하게 느껴진다. 이럴 때 보면 우리는 모양
이 다르지만 서로에게 꼭 들어맞는 퍼즐 같다.

가끔은 신기했다. 내가 속상한 일이 생기면 어떻게 알았는지 언니
는 나를 찾아왔다. 그런 날에는 조용한 언니가 나보다 더 수다스러워
진다. 아무 말 하지 않아도 언니는 다 안다는 듯이 괜찮다고, 잘했다
고, 위로를 건넨다.

"아, 배고프다. 밥이나 먹으러 가자."

언니가 농담처럼 던진 이 한마디가 꽁꽁 얼었던 내 마음을 녹인다.

그날도 그랬다. 감당하기 버거운 일이 생겨 교실에서 넋을 놓고 앉
아 있는데 언니가 찾아왔다.

"너 너무 아프면 쉬어."

나보다 더 울상인 얼굴로 말했다. 전에 넌지시 꺼낸, 쉬고 싶다는

이야기가 떠올랐다. 혼자 두지 말라고 말리더니…. 언니가 너무도 진지하게 말하는 모습에 웃음을 터뜨렸다.

역시 언니는 언니다. 자기도 나 못지않게 힘들 텐데 그걸 또 달래준다. 언니와 나누면 기쁨은 배가 되고 슬픔은 반이 된다. 그렇게 위로와 의리로 힘든 시기를 헤쳐 나갔다. 힘든 걸 알면서도 나와 함께 걸어가기로 결정한 언니에게 고마웠기 때문이다.

나는 힘들어도 언니가 있으면 괜찮다. 언니는 나의 든든한 버팀목이자 학교 애인이다. 아직은 서툴고 눈치만 보는 막내지만, 둘이 머리를 맞대면 뭐라도 나온다. 앞으로도 우리는 지금처럼 힘을 합쳐 잘 해내리라 믿는다. 시간이 흘러 서로 다른 곳에 있더라도 이 우정이 변치 않았으면 좋겠다.

몸치 선생님이
춤을 추던 날

김래연

어느덧 봄의 끝자락이다. 산들대던 꽃향기가 가시고, 여름이 오는 소리가 들린다. 초여름의 길목에 서 있자면 그날 밤의 향수가 가득 차오른다. 서서히 끓어오른 향수는 이내 노래 선율이 되어 귓가를 맴돈다. 철이와 미애, 아니 유림이와 승범이가 떠오르는 순간이다. 그 아이들과 누볐던 잔디 성성한 운동장이며, 사람들의 함성, 적당히 선선했던 밤의 온도, 무심하게 마주한 따스한 숨결까지 생생하다. 그날 밤, 우리는 두려울 게 없었다. 사람들 앞에서 몸치 셋이 춤을 추는 것조차 설렜다.

처음으로 맡는 6학년이었다. 2명의 아이를 맡는 것도 처음이었다.

학생이 둘뿐이기에 하루하루가 단조로울 거라 생각했던 건 나의 기우였다. 둘은 영화《냉정과 열정 사이》의 주인공처럼 말과 행동의 온도차가 뚜렷했다. 톰과 제리처럼 아웅다웅하며 투닥거리기도 했다. 가끔은 수가 적어 아쉬웠지만, '2'라는 숫자는 우리에게 꼭 맞는 옷인 양 편안했다. 6학년답지 않게 맑고 순수한 아이들과 추억을 한 장, 한 장 쌓아 갔다.

평온한 교실에 위기가 닥쳤다. 6월의 가족 캠프가 성큼 다가온 것이다. 가족 캠프는 체육 대회와 야영을 통합한 행사다. 그날 밤을 불사르기 위하여 레크리에이션을 할 예정이었다. 2학년은 태권무, 3학년은 'Cheer up' 댄스, 5학년은 작년에 극찬을 받은 후레시맨 군무를 한다고 했다. 6학년은 2명의 아이로 공연을 준비하려니 막막했다. 듀엣으로 노래를 할까 했지만 승범이가 고음 불가였고, 기타를 치려니 수준차가 심했다. 서로 머리를 맞대도 뾰족한 수가 없었다.

장기자랑의 주인공은 아이들이다. 하지만 은연중에 교사의 자존심 대결이 되기도 한다. 아이들이 무대를 잘 꾸리면 어깨에 힘이 들어가고, 실수할 때면 저도 모르게 얼굴이 붉어진다. 명색이 6학년인데 실망스러운 무대를 보이고 싶지 않았다. 조바심에 바짝 타들어 가던 때,

문득 '철이와 미애'가 떠올랐다. '너는 왜'라는 노래로 90년대를 주름 잡았던 남녀 혼성그룹 말이다. 자유롭게 몸을 부리는 철이와 미애의 모습에 승범이와 유림이가 겹쳐 보였다. 둘이 춤을 추면 딱이겠다 싶었다.

저항은 거셌다. 유림이는 창피해 했고, 승범이는 몸치임을 고백했다. 나는 짐짓 자신 있게 말했다.

"얘들아, 걱정하지 마. 선생님이 도와줄게. 이 무대로 너희는 스타가 될 수 있어."

나 역시 몸치였다. 태어나서 춤이라곤 학창시절 억지로 춘 군무가 전부였다. 교사이기 때문에, 두려움에 떠는 아이들을 다독이는 수밖에 없었다. 가수 철이와 미애의 춤은 무척 어려웠다. '너는 왜'로 장기자랑을 한 영상도 꽤 있었지만, 대부분 밋밋하거나 복잡했다. 우리에게 딱 맞는 춤이 필요했다. 영상을 참고해서 한 소절씩 춤을 만들었다.

체육 시간에 춤 연습을 했다. 복고풍 댄스라 과한 동작이 더러 있었다. 춤을 춘다고 생각하면 부끄럽다. 그래서 아이들에게 체조라 여기라고 했다. 과감하게 찌르고, 비틀려면 체조를 한다는 최면을 걸어야 한다. 내가 먼저 춤을 습득하고, 아이들에게 한 동작씩 몸으로 전해 주었다. 한 소절을 완벽하게 익히고 다음으로 넘어가니, 실력이 부쩍 늘었다. 비장의 카드인 마지막 동작을 연습할 차례였다.

"으악! 이건 절대 안 돼요."

안 되는 건 이 세상에 없다. 아이들의 절규를 뒤로 하고, 마무리 동작까지 체조 삼아 반복했다.

결전의 날이 왔다. 사회자의 감칠맛 나는 진행과 무대 조명이 흥을 돋웠다. 1학년부터 5학년까지 흥겨운 무대가 끝나고, 6학년 차례가 되었다.

"긴장하지 말고, 연습한 대로만 해. 즐기면 되는 거야."

"걱정 마세요, 선생님."

정작 긴장한 사람은 나였다. 초조하게 지켜보는 가운데, 어느새 노래는 절정으로 치달았다. 강렬한 비트를 끝으로 마지막 후렴구가 나오자 유림이와 승범이는 한 손을 마주잡고, 다른 쪽 손을 치켜세웠다. 순간, 유림이가 승범이의 팔을 휘감으며 빠르게 다가갔다. 승범이는 마주 잡은 팔과 무릎으로 유림이를 받쳤고, 유림이는 승범이에게 온몸을 맡긴 채 한 발을 위로 번쩍 들어 올렸다.

"와!"

탄성이 터졌다. 여느 가요 프로그램의 무대에 나올 법한 장면이었다.

사람들은 남녀가 유별한 사춘기 소년 소녀가 두 손을 잡고 있는 모습을 감탄하며 바라봤다. 누구의 아이들인가, 어깨가 으쓱댔다. 그때였다.

"이 춤, 누가 가르쳐 주셨습니까? 담임 선생님, 어서 나오세요."

사회자의 구수한 입담에 나는 무대로 끌려갔다. 단지 남자라는 이유로 애먼 전담 선생님까지 앞에 나왔다. 철이와 미애가 각각 둘이었다. 전교생과 학부모님 앞에서 춤을 춘다니, 진정 꿈이길 바랐다. 춤이 아닌 체조를 하는 거라며 스스로 최면을 걸었다.

"오오오오~"

음악이 시작됐다. 유림이와 승범이가 앞에, 나와 전담선생님은 뒤에 자리했다. 우리는 음악에 몸을 실은 채, 힘껏 팔과 다리를 찌르고

비틀었다. 초여름 밤의 시원한 공기가 가슴 깊이 들어왔다. 생각만큼 부끄럽지 않았고, 오히려 후련하기까지 했다. 음악은 밤공기를 타고 흐르고, 우리는 춤을 추며 하나가 되었다. 책상에 앉아서는 결코 맛볼 수 없는 감정이 일었다. 잔잔한 풀 냄새와 벌레 우는 소리, 사랑을 갈구하는 철이와 미애의 음성, 넷이서 팔다리를 휘젓는 모습까지 밤하늘에 사뿐히 걸렸다. 그렇게 6학년의 책갈피에 추억이 한 장 더해졌다.

그 후로 아이들은 철이와 미애로 불렸다. 앙코르 무대를 요청받기도 했다. 초여름 밤을 뜨겁게 가르던 아이들은 이제 어엿한 중학생이 되었다. 미애는 다른 지역으로 이사해서 자주 보기 힘들어졌다. 철이는 인근에 있으면서도 뭐가 그리 바쁜지 학교에 한번 오지 않는다. 가끔 카톡으로 안부를 주고받으며, 잘 지내는 아이들의 모습을 보면 흐뭇하다. 그걸로 됐다. 6학년 아이들이 졸업하고, 한동안 빈 둥지처럼 헛헛하던 마음에 새살이 차오르기 시작했다. 되돌아보면 어느 따스한 여름날의 꿈 같기도 하다. 진정한 첫 제자인 그 아이들이 함께 춤췄던 밤의 공기를 기억하길 바라며, 오늘도 나는 또 다른 철이와 미애를 기다린다.

힘차게 달려라

김상미

"김상미 선생니임~ 안녕하세~요~"

복도에서부터 요란하게 등장한 힘찬이다. 교실 문을 드르륵 열어 젖히고 들어와 껄렁껄렁하게 인사한다. 내 손을 꽉 움켜쥐더니 위아 래로 두어 번 흔든다. 어찌나 힘이 센지 그 녀석 손놀림에 몸이 휘청 거린다.

"그래, 어서 와. 악수 하려거든 제대로 하자!"

내 말을 듣는 둥 마는 둥 자리로 들어가서는 가방을 널브러뜨린 채 로 친구들과 수다를 시작한다. 조용하던 교실이 금세 힘찬이의 목소 리로 가득 찬다.

새 학교로 발령 받아 또 6학년을 맡았다. 직전 학교에서 졸업시킨 아이들 때문에 심신이 지쳐 있던 때였지만, 일 년 더 해 보자 하는 마음으로 만난 아이들이다. 우리 반에 배정된 아이들 명단을 훑어보니 '생활지도'로 표시된 학생이 있었다. 힘찬, 이름마저 예사롭지 않다. 큰 키와 떡 벌어진 어깨, 우렁찬 목소리를 가진 힘찬이는 무엇을 해도 눈에 띄는 아이였다. 발육 상태는 어른인데, 웃을 땐 눈이 없어지는 영락없는 소년이기도 했다.

하이파이브 인사로 하교하던 어느 오후, 마지막 순서로 손바닥을 마주대던 힘찬이가 나를 물끄러미 쳐다본다. 순수와 반항 사이의 갈색 눈빛이 내 앞으로 훅 다가와 뚫어져라 쳐다보니 갑자기 심장이 쿵쿵한다.

"선생님 눈이 우리 할머니 같아요!"

무슨 말인지 물으니 눈가 주름이 할머니 같단다. 반달 눈으로 씩 웃으며 지나가는 이 녀석에게 오늘도 졌다. 나를 들었다 놨다 한다.

어른을 어려워하지 않고 손에 잡히지 않는 아이였다. 동료 교사들은 선생님을 여자로 좋아하는 것 아니냐며 놀리다가도, 눈물 쏙 빠지게 혼내라고 조언했다. 그런데 그런 힘찬이가 밉지는 않았다.

칭찬보다는 꾸짖음에 익숙한 힘찬이가 나 좀 봐 달라고 하는 것 같았기 때문이다. 내가 할 수 있는 일은 그저 바라봐 주고 인정해 주는 것뿐이었다.

수학여행으로 놀이동산에 간 날, 한껏 들뜬 아이들에게 자유 이용권을 나눠 주었다. 잃어버리면 놀이기구를 탈 수 없으니 잘 챙기라 당부하며 헤어졌다. 30분도 안 되어 저쪽에서 힘찬이가 터덜터덜 걸어온다.

"힘찬이 무슨 일이야? 티켓 잃어버렸어?"

"네."

"으이구, 잘 챙기라고 했잖아."

"놀이기구 안 타면 되죠. 그냥 다닐래요."

안내 데스크는 한참을 올라가야 했다. 덥고 힘들다며 그냥 시간을 보내겠다는 아이를 끌고 가서 굳이 티켓을 쥐여 주었다. 같이 있는 시간만이라도 속 깊은 이야기를 나누고 싶었지만, 그 이상은 내어 주지 않는 녀석이 야속하기도 했다.

그런데도 이 녀석에게 애틋한 마음이 드는 건 아마도 나에 대한 힘찬이의 끊임없는 관심 때문이었는지 모르겠다. 작은 변화 하나에도

반응하고 궁금한 것은 대놓고 물어봐야 직성이 풀리는 힘찬이. 그게
귀찮을 때가 많았지만 귀엽게도 느껴졌다.

"나는 지금 카톡을 보고 있었다. 근데 선생님은 프사가 선생님 남
자친구에요?? 나는 앞으로도 선생님을 조사할 것이다. 007 미션임"

방학에도 쉬지 않는 명탐정 힘찬이 때문에 어이없이 또 웃고 만다.

중학교 진학을 앞두고 힘찬이는 운동부가 있는 학교로 가기 위해
사이클을 시작했다. 공부에는 흥미가 없기에 어쩌면 나은 선택이었다.
방과 후에 왕복 10km가 넘는 거리를 오가며 연습한다고 했다. 고된
훈련에 힘들어 하는 모습은 며칠뿐, 체력 좋은 힘찬이는 다시 원기를
되찾았다. 클래스팅 친구들의 시답잖은 댓글에도 쿨하게 반응하며 사
이클 사진을 자랑스럽게 올렸다. 사이클이야말로 자기가 가야 할 길
이라고 확신하게 된 것 같았다.

힘찬이는 졸업식이 끝나고 인사도 없이 가버렸다. 중학생이 되면 교복 입고 찾아온다더니 나타나지 않았다. 몇 주 뒤 클래스팅에 올린 사진은 운동 복장을 갖추고 사이클을 타는 자기 모습이다.

"누군지 아는 사람?? 엄청 멋있다 이 사람한테 싸인 받고 싶다 그치 얘들아?"

그래, 멋있다. 이래야 힘찬이답지! 선생님은 언제나 힘찬이가 가는 길을 응원할 거야. 앞으로도 지금처럼 힘차게 달려라!

너희는 나의 봄이다

김누리

교사 2년차에 5학년을 맡았다. 처음엔 막연한 두려움이 있었다. '한창 사춘기일 텐데 반항하면 어떡하나, 내가 애들한테 끌려 다니면 어쩌지….' 생각이 꼬리를 물었다. 그러나 시간은 내 마음 같지 않았다. 끝끝내 미루고 싶었던 아이들과의 첫 만남. 그날이 오고야 말았다.

아이들은 참 예뻤다. 반전이었다. 전날까지도 걱정했던 내 모습이 우스웠다. 내가 설명하면 아이들은 바로 알아듣고 척척 할 일을 했다. 정말 신기했다. 이게 고학년의 매력이구나 싶었다. 이런 아이들과 일 년을 함께할 수 있다니 가슴이 쿵쾅거렸다. 첫날부터 내 머릿속에는 아이들과 함께 하고 싶은 일들로 가득했다.

너무 흥분해서일까. 뭐 하나 야무지게 하는 게 없었다. 노트 필기, 숙제 검사 모두 다 흐지부지되었다. 야심차게 시도한 학급자치회도 제대로 운영하지 못했다. 반짝거리던 아이들이 체계 없는 교실 속에서 빛을 잃어 가는 것 같았다. 죄책감에 괴로웠다.

교정에 벚꽃이 예쁘게 핀 어느 날이었다. 여자아이 둘이 주춤거리며 다가왔다.

"선생님! 이거… 선물이요!"

"그래 뭔데?"

아이들은 빈틈없이 힘주어 포갰던 양손을 조심스럽게 펼쳐서 보여 주었다. 땀이 흥건한 손바닥에는 벚꽃잎이 한 움큼 있었다.

"떨어지는 벚꽃잎을 잡으면 소원이 이루어진대요. 이거 저희가 잡은 건데 이걸로 소원 비세요!" 하고는 후다닥 밖으로 나갔다. 눈물이 핑 돌았다. 자기 소원을 빌지 않고 나를 주는 그 마음이 참 예뻤다.

다시 힘을 내었다. 아이들과 많은 이야기를 나누었다. 주기적으로 학급회의를 하며 건의사항을 말했고, 학급의 일을 함께 정했다. 나 혼자 끙끙 앓지 않고 아이들과 이야기하니 한결 수월했다. 오히려 아이들이 내가 생각지 못한 좋은 의견을 많이 냈다. 그런 아이들의 모습에 하루하루 놀라며 나도 많이 배웠다.

이별은 갑작스럽게 찾아왔다. 나는 천안에서 근무하던 중에 고향인 인천으로 임용을 다시 봤고, 합격한 상태였다. 발령이 늦게 날 줄알았는데, 9월 1일 자로 발령이 났다. 아이들에겐 마지막 날 말하기로하고, 짐을 조금씩 정리했다. 그리고 마음을 담아 아이들 한 명 한 명에게 편지를 썼다.

마지막 날 아침이 밝았다. 방송조회로 덤덤히 인사를 마치고 교실로 들어서려는데, 첫날보다 가슴이 떨렸다. 아이들의 얼굴을 마주할자신이 없었다. 한참을 망설이다 겨우 들어간 교실에는 벌써 한두 명이 훌쩍거리고 있었다. 눈을 한번 질끈 감았다 뜨곤 편지를 주고 마지막 인사를 했다.

"얘들아, 많이 놀랐지? 이렇게 갑자기 알려서 미안해…."

미안해, 하자마자 왈칵 눈물이 쏟아졌다. 종이로 급히 얼굴을 가리고 뒤돌아섰다. 좀처럼 진정되지 않았다. 결국 눈물 범벅인 얼굴로 말을 이어갔다.

"선생님이 경험도 적고 고학년이 처음이라 정말 부족했어. 그런데도 너희가 선생님을 좋아해 줘서 정말 고마워. 항상 건강하게 잘 지내고, 어른 되어서 연락하면 그때는 술 사 줄게!"

술 사 준다는 말에 울던 아이들이 피식 웃기도 했다.

그렇게 교실을 나와 교무실에 인사 드리는데도 눈물이 멈추지 않
았다. 그런 와중에 아이들이 울면서 1층까지 인사하겠다고 내려왔다.
손에는 급히 공책을 찢어 쓴 편지를 저마다 들고. 그때, 여자아이 둘이
다가와 울먹이며 말했다. 전에 벚꽃잎을 준 아이들이었다.

"선생님, 전에 저희가 벚꽃잎 드렸으니까 꼭 행복하셔야 해요!"

아아. 갑작스러운 이별 통보에도 이렇게 예쁘게 말할 수 있는 사람
이 얼마나 있을까! 목이 메어 아무 말도 할 수 없었다. 간신히 아이들
에게 고개만 끄덕이고는 뒤돌아 꺽꺽 울며 교문을 나섰다.

매년 봄이면 이 아이들이 떠오른다. 고사리 같은 손에 가득 담겼던 벚꽃잎이 아른거린다. 아이들은 부족한 나를 더 큰 사랑으로 품어 주었다. 준 것보다 받은 게 더 많아 한없이 미안하고 고맙다. 교사로서 마음이 차갑게 식어갈 때면 이 아이들을 떠올릴 것이다. 생각만으로 가슴 따뜻해지는 추억을 안겨 준 아이들.

"애들아, 너희는 봄이다. 너희는 나의 봄이다."

그저 믿을 뿐이지요

유힘찬

따뜻한 5월의 어느 수요일 오후 4시였다. 오래간만에 찾아온 평온함이 반가워 드립 커피로 정취를 더했다. '아… 이 얼마만의 달콤한 휴식인가?' 아무것도 하지 않고 있지만, 더욱 격하게 아무것도 하고 싶지 않았다. 하지만 갑자기 걸려온 전화 한 통으로 모든 바람이 물 건너갔다. 눈살을 찌푸리며 휴대전화를 확인했다. 모르는 번호였다. '스팸인가?' 하고 전화를 받았다. 낯선 남자가 내게 거칠게 쏘아붙였다.

"혹시 XXXX 초등학교 유힘찬 선생님 됩니까? 4학년 5반 박인호(가명) 담임 되시죠? 여기 ○○마트인데 지금 당장 오셔야 할 것 같습니다."

자초지종도 설명하지 않고 채근하는 태도가 마음에 들지 않았다.

나 또한 어떤 이유인지 묻지 않고 가겠다고 답했다. 교감 선생님께 상황을 말씀 드리고, 급히 ○○마트로 향했다. 마트에 들어서 직원에게 "XXXX 초등학교에서 왔습니다."라고 하니, 나를 데리고 사무실로 갔다. 사무실에는 낯빛이 사색이 된 인호와 처음 보는 또래 아이들이 있었다. 마흔이 좀 넘어 보이는 사장이 내게 대뜸 소리치며 말했다.

"아니 애들을 학교에서 어떻게 교육했길래, 이 모양입니까? 도둑질도 한두 번이지 말이야. 나 이거 경찰에 고소할 거야!"

계속해서 무례한 태도를 한 사장에게 화가 났지만, 일단 담임으로서 죄송하다는 말을 해야 했다.

"죄송합니다. 사장님, 일단 좀 진정하시고 자초지종을 설명해 주시겠습니까? 어떤 상황인지 알아야 제가 아이들을 바르게 가르칠 수 있을 것 같습니다."

그제야 자신이 흥분했다는 것을 느꼈는지 헛기침을 하며 상황을 설명했다.

사장은 숨을 고르며 이야기를 시작했다.

"애들이 근처에서 학원에 다니는지 자주 마트에 오더군요. 처음에는 이상한 낌새를 못 느꼈는데, 어느 순간부터 큰 가방을 메고 마트에 오는 게 석연치 않았어요. 계속해서 눈치를 보는 느낌이라고 할까요? 그래서 몇 번 주의를 줬습니다. 그런데도 이 녀석들이 조심하기는커녕 점차 대범한 행동을 하는 겁니다. 카운터 직원에게 물건이 어디 있냐고 주의를 끈 후 나머지 아이들이 과자를 훔쳤습니다. 다행히 CCTV가 있었기에 망정이지. 아무튼 현장에서 제가 딱 잡았다 아닙니까."

분명 화가 날 만한 상황이었다. 거듭 사죄의 말을 하고 난 후 인호를 데리고 밖으로 나왔다.

인호는 안절부절못했다. 선생님이 어떻게 혼낼지, 또는 '부모님께 말하면 어떡하지?' 하는 복잡한 심경으로 보였다. 우선 인호에게 눈높이를 맞춘 후,

"인호야. 많이 놀랐지? 일단 어떻게 된 상황인지 인호 입으로 설명해 주겠니?"

인호는 생각보다 부드러운 담임의 목소리에 놀랐는지 눈을 동그랗게 떴다. 잠시 시간이 지난 후 인호는 이야기를 꺼냈다. 사장이 말한 내용과 크게 다르지 않았다. 이야기가 끝난 후 인호는 우물쭈물하고 있었다. 부모님에게 알려지는 두려움 때문이었다.

나는 잠깐 고민을 했다. '교사로서 어떻게 하는 것이 정말 아이를 위한 행동일까?' 내 머뭇거림이 길어질수록 인호의 표정은 굳어 갔다.

<u>그 표정을 보는 순간 결심했다.</u> 부모님에게 알리지 않기로. 그리고 인호에게 말했다.

"인호야. 일단 이번 일은 인호가 너무 잘못한 거야. 알지? 지금 인호에게 가장 두려운 것은 오늘 일이 부모님에게 전해지는 것이겠지?"

고개를 끄덕거리는 인호에게,

"선생님이랑 약속 하나만 하면, 부모님에게 알리지 않고 인호랑 선생님 둘만의 비밀로 해 줄 수 있어. 어때?"

인호는 토끼 눈을 한 채 고개를 세차게 끄덕거렸다.

"인호야. 앞으로 무슨 일이 있어도 선생님한테 거짓말하지 않기로 하자. 선생님은 인호가 거짓말해서 위기를 모면하는 것보다 잘못을 정직하게 인정하고 반성하는 모습을 더 보고 싶어. 그렇게 해 줄 수 있겠니?"

생각보다 쉬운 약속이었을까? 바로 인호는 다짐을 했다.

사실 인호는 거짓말을 많이 하는 아이다. 숙제를 안 해 온 날이면 집에 두고 왔다는 뻔하디뻔한 거짓말을 일삼는 아이였다. 몇 번을 혼냈지만 크게 나아지지 않아서 걱정되는 제자였다. 그러던 중 발생한 오늘의 사건은 인호를 180도 변화시켰다. 비밀을 지켜 준 나에게 감사해서일까? 거짓말을 하는 횟수가 급격히 줄어들었다. 수업 태도도 좋아졌다. 주도적으로 아이들을 이끌어 가며 수업에 참여했다. 아이들이 많이 떠들 때면 조용히 시키는 역할도 자처했다. 그렇게 인호는 몰라 볼 정도로 성장하기 시작했다. 그렇게 행복한 한 해를 인호와 보냈다.

글을 쓰기 며칠 전 페이스북 타임라인에 글이 달렸다. 인호였다. 연락 없던 인호가 무슨 일로 글을 썼을지 궁금했다. 예전에 아이들의 글에 '좋아요'를 누른 적이 있는데 그것을 보고 댓글을 단 모양이다. 타임라인에 쓴 글을 보고 눈물이 망울망울 맺혔다.

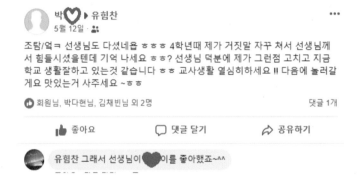

스승의 날을 앞둔 내게 인호의 작은 글은 그 어떤 것보다 큰 선물 처럼 다가왔다. 교사의 믿음과 훈육 방식이 아이를 변화할 수 있다는 믿음의 결과를 제자가 증명해 주었기 때문이다.

아이들은 변하지 않는다고 쉽게들 말한다. 우스갯소리로만 들려야 할 저 말에 공감하는 교사가 적지 않다. 나 또한 마찬가지였다. 하지만 이번 일을 계기로 교사의 역할에 대해 다시 한번 생각해 보게 되었다. 차와 포가 다 떼인 상황처럼 묘사되는 교육현장에서 우리가 할 수 있는 작지만 가장 큰 일, 바로 우리 아이들을 믿는 일이다. 설령 믿음이 실망과 후회로 돌아오는 일이 많더라도 어쩔 수 없다. 아이들이 변할 수 있다고 믿는 것 외엔 지금 교사가 할 수 있는 일은 거의 없으니까.

만약 누가 나에게 "당신이 교육에서 가장 중요하게 생각하는 것이 무엇입니까?"라고 묻는다면,

"그저 믿을 뿐이지요." 하고 작게 미소 지으며 답하겠다.

세 번째 아홉을 보내며

류윤환

봄이 다가왔다. 햇살이 유난히 따스하다. 간만에 일에 쫓기지 않는 중간놀이 시간이다. 따뜻한 차를 손에 쥐고 팔짱을 낀 채 창문을 바라본다. 새싹보다 더 새싹 같은 아이들이 뛰놀고 있다. 저 멀리서 선생님을 바라보며 손을 흔드는 아이들이 보인다. 축구공을 따라 우르르 몰려다니는 우리 반 남학생들도 보인다. 3년 전만 해도 조그만 2학년 꼬마였는데, 그새 몸도 마음도 훌쩍 큰 것 같다. 뭐가 그리 좋은지 운동장에 있는 아이들의 얼굴엔 해맑은 웃음이 떠나질 않는다.

이 아이들은 내게 특별하다. 때는 2015년, 신설학교에 발령받아 2학년 담임을 했다. 교사인 나도 이 학교가 처음이고, 아이들도 전학을 와서 학교가 낯설었다. 어수선한 분위기와 힘든 사건들 속에서도 아이들과 함께 한 해를 보내며 성장했다. 아이들을 3학년으로 올려 보내고 군 입대를 했다. 군대에서 스승의 날을 두 번 맞이했다. 그때마다 손 편지와 영상편지를 보내 준 고마운 아이들이다. 전역을 하고 5학년 담임을 맡게 되었고, 담임으로 아이들을 다시 만났다. 부끄럽고 미안한 점이 많은 교사인데도 아이들은 나를 다시 만난 것을 무척 기뻐했다. 그런 아이들이 지금 해맑게 놀고 있다.

아이들이 노는 것을 보며 아홉 살의 나를 떠올려 본다. 초등학교 2학년인 나는 유난히 큰 가방을 메고 야무지게 등하교를 했다. 하교를 하고 집에 들어오면 식탁 위에는 항상 엄마의 편지와 용돈이 있었다. 출근하시기 전에 편지를 꼭 써 놓으셨다. 포스트잇이 흔한 시절이 아닌 걸로 기억한다. 하트 모양으로 자른 흰 종이에 짧은 글을 써 주셨다. 특별한 이야기를 적어 주시기도 했지만, 주로 평범한 표현이 담겨 있었다. 차 조심하고, 누나랑 피아노 학원 잘 다녀오고, 사랑한다는 말들이었다. 동전은 주로 100원짜리 5개가 쌓여 있었다. 지폐가 있을 때도 있고 동전이 더 많을 때도 있었지만, 5개가 있을 때가 제일 좋았다. 피아노 학원과 태권도 학원을 가는 길에 군것질을 하기도 하고, 가끔은 저금을 하기도 했다. 기억하는 내 아홉 살의 모습은 따스한 사랑의 바다에서 첨벙첨벙 헤엄치는 천진난만한 꼬마의 모습이다. 첫 번째 아홉은 따스함이다.

자연스레 두 번째 아홉, 열아홉 살로 생각이 이어진다. 열아홉 고3은 생각만 해도 지친다. 입시 부담이 컸고 사춘기까지 찾아왔다. 앞으로 인생을 어떻게 살 것인지 방향을 설정하는 게 더 중요하다고 스스로를 합리화시키며 공부는 뒷전으로 하고, 이런저런 생각에 잠기며 시간을 보내곤 했다. 열아홉이 빨리 지나가기를 바랐다. 시간이 지나 스무 살이 되었고 사춘기도 끝났다. 해방이라고 생각했지만 10대가 끝났다는 사실은 서글펐다. 빨리 지나가길 바랐던 긴 터널 같은 두 번째 아홉 살이었지만, 지나고 나니 아쉬웠다. 두 번째 아홉은 아쉬움이다.

지금 내 나이는 스물아홉이다. 스물아홉에 군 전역 예정이었으니 얼마나 기다렸던 나이인가. 해방감은 최고조에 이르렀지만, 마냥 기쁘지만은 않다. 남은 20대를 잘 보내야 한다는 부담감이 든다. 지나온 날들처럼 시간이 쏜살같이 지나갈 것을 생각하니 조급함도 생긴다. 전에는 안 보이던 것들이 눈에 보인다. 부모님의 건강, 결혼 준비, 경제적인 고민, 미래 계획들 말이다. 하고 싶은 것보다는 해야 하는 일이 점점 비중을 더 차지한다. 20대라 부럽다고 말하는 주변 사람의 말에 동의가 안 된다. 무겁게만 느껴진다. 세 번째 아홉은 방황이다.

종이 울리자 생각을 마무리한다. 중간놀이가 끝나고 3교시가 시작되었다. 시간을 지켜 미리 자리에 앉아 있는 모습이 대견하다. 몇몇 아이는 땀을 삘삘 흘리며 헐레벌떡 교실에 들어온다. 그 모습은 3년 전이나 지금이나 똑같다. 3년 전 2학년 때와 어쩜 그리 똑같으냐고 물으니, 사람은 원래 잘 안 변한다며 웃음을 짓는다. 이 아이들 덕에 웃는다.

'그래, 세 번째 아홉이 어떻든 이 아이들과 즐겁게 보내자. 뒤숭숭해서 구춘기 같은 스물아홉이지만, 소중한 이 아이들과 멋지게 보내는 데 집중하자.'라고 다짐을 하고 수업을 시작한다.

오늘은 학부모
공개수업 날입니다

한지혜

<u>하늘에 시커먼 먹구름이 한가득이다.</u> 지하철역 입구에서 나와 학교까지 걸었다. 후두두. 갑자기 하늘에서 장대 같은 비가 세차게 내렸다. 잠시 비를 피하는 중 저 멀리 빨간 딸기 우산이 보였다. 민주 우산이다. 빠른 걸음으로 그 아래에 들어갔다. 민주는 놀라지도 않았는지 같이 우산 쓴 선생님은 처음이라며 반갑게 나를 맞이했다. 함께 걸었다.

"민주야, 어제 어땠어요?"

어제는 학부모 공개수업 날이었다. 담임으로서 처음 학부모를 만나게 되는 시간이었다. 신규 교사였지만 교육 전문가라는 것을 보이고 싶었다. 긴장되고 떨리는 마음으로 흠 없는 준비에 힘썼다. 수업 활동은 물론 머리부터 발끝까지 얼마나 신경 썼는지 모른다. 실제 수업 상황을 떠올리며 몇 번이고 연습했다. 완벽했다. 준비한 만큼만 수업한다면 한 치의 빈틈도 없었다.

공개수업을 시작했다. 매와 같은 눈 30개가 더해져 한 시간 동안 국어 공부를 했다. 시 내용은 잠자는 사자처럼 코 골며 주무시는 아빠와 그 아빠의 양말을 살금살금 벗기는 아이 이야기였다. 드르릉 쿨쿨. 아빠의 코 고는 소리를 실감 나게 흉내내며 시를 낭송했다. 역할극을 하며 웃음이 가득 넘치고 활기찬 시간이었다.

그런데 전혀 예상치 못한 일이 일어났다. 나도 아이들도 교실에 온 손님들로 바짝 긴장했는지, 활동은 계획한 시간보다 2배로 빨리 끝났다. 준비한 활동을 모두 끝냈으나 수업 시간은 10분도 더 남았다. 바로 그 자리에서 더 공부할 활동을 생각해야 했다. 시 속에 나오는 아빠에게 짧게 쪽지 쓰는 활동이 떠올랐다. 당황스러움을 최대한 감추고 재빠르게 포스트잇을 나누었다. 다행히도 학생들은 흥미롭게 쪽지 쓰기를 했다. 그렇게 큰 문제없이 마무리가 될 줄 알았다.

그때 멍하니 있는 한 아이가 눈에 띄었다. 포스트잇을 뚫어져라 쳐다보고만 있는 민주였다. 평소 적극적인 아이로 좀 더 시간을 주면 괜찮을 거라 여겼다. 그러나 교실 한 바퀴를 다 돌고 올 때까지도 그대로였다. 슬며시 다가갔다.

"민주야, 왜 활동하지 않고 가만히 있어요?"

민주는 답했다.

"선생님 저는 아빠가 없어요. 그래서 쪽지를 쓸 수가 없어요."

철퍼덕. 아이의 대답을 듣는 순간 몸에 온 힘이 다 빠지며 주저앉고 싶었다. 심장에 못이 박힌 양 가슴이 저렸다. 알고 보니 민주는 태어나서 단 한번도 아빠를 본 적이 없는 아이였다. 내가 이 아이에게 무슨 행동을 한 건지. 마음에 얼마나 큰 상처를 준 건지. 말로 표현이 되지 않을 정도로 너무 미안했다.

어떻게 해야 할지 몰라 서둘러 시선을 옮겼다. 황급히 엄마에게 쓰면 된다는 말을 남기고 발걸음을 돌렸다. 등 뒤로 아이는 금세 밝은 얼굴로 나만 특별히 엄마에게 쓴다며 기뻐했다. 그렇게 나도 아이도 상처 가득한 공개수업을 마쳤다.

함께 걷는 우산 안에서 민주는 답했다.

"엄마가 처음으로 학교에 와서 정말 좋았어요."

이런저런 이야기를 하며 교실에 거의 도착할 즈음 말했다.

"선생님이 어제 미안해."

민주는 놀라며 무엇이 미안한지 물었다. 나는 그 질문에 못 들은 체하며 답하지 않았다. 또다시 쓰라린 상처를 후벼 파는 것 같아 그냥 입을 다물었다.

이후로 내가 있는 교실은 '아빠, 엄마, 부모님'이라는 단어가 감쪽같이 사라졌다. 대신 '보호자'라는 단어가 혜성같이 등장했다. 아이들에게 같은 이유로 또다시 상처 주기를 반복하지 않겠다는 강력한 의지가 담긴 실천 방법이었다.

오늘 하늘은 구름 한 점 없이 아주 맑다. 지하철역 입구에서 나와 학교까지 걷는다. 이 시간 내 발걸음은 항상 같은 장소로 향한다. 매일 도착하는 같은 그 장소에서는 순간마다 예상치 못한 일이 일어난다. 그 가운데 간절히 바라는 게 있다. 수많은 순간 중 단 한 명도 상처 받지 않는 것이다. 특히 아이들이 교사에게 말이다. 그렇게 매일 간절한 마음으로 오늘 하루도 무사히 지나길 바란다.

열한 살의 고구마 인생

이지애

첫 발령지는 강릉이었다. 동해 바닷가에서 자연을 교재 삼아 아이들을 가르쳤다. 논길을 함께 걸으며 뱀딸기와 오디를 따먹고, 바다로 나가 조개껍데기를 줍고, 보고 느낀 것을 글로 쓰고, 그림을 그리며 살았다. 학교 창밖 운동장 너머에는 논밭과 산이 보였다. 아이들과 마을 어른들이 일하시는 모습을 보며 사계절의 변화를 느꼈다. 출퇴근길에 파란 하늘이 펼쳐지고 옥빛 바다가 일렁이는 날이면 차를 세워 놓고 백사장을 거닐었다. 이곳에서 이십 대의 낭만을 한껏 즐겼다.

그런데 이런 삶도 결혼과 동시에 멀어져 버렸다. 남편을 따라 서울로 오게 된 것이다. 나도 서울에 한번 살아 본다는 설렘과 새침데기

학생들은 어떻게 가르쳐야 할지 걱정이 교차했다. 교실 밖 운동장 너머, 아파트가 산처럼 둘러싸여 있었다. 미세먼지로 뿌연 하늘, 파도 소리 대신 자동차 소리, 상점마다 울려 퍼지는 음악 소리는 내가 서울에 왔음을 분명히 알려 주었다.

동서울터미널에 내리면, 가장 먼저 변하는 것이 있다. 바로 걷는 속도. 인간의 빠른 적응 속도에 놀랄 만큼, 내 걸음도 서울 사람들의 속도에 맞춰 빠르게 움직였다. 서울의 학교도 별반 다르지 않았다. 빠르고 정확하게, 일사천리로 움직이는 학교의 모습은 낯설었다. 학교생활도 서울 걸음처럼 빨리 적응할 수 있을지 의문이었다.

개학을 앞둔 학교는 3일 내내 연수를 진행했다. 학년 부장님이 나눠 주시는 A4 종이에는 부장 회의 내용이 빽빽했다. 1년 치의 창체 교육과정이 날짜에 따라 완벽하게 정리된 교재, 부서별 연간 계획이 담긴 두꺼운 책과 온갖 서류가 교탁을 뒤덮었다. 해야 할 것, 제출할 것, 학급에서 지켜야 할 것이 넘쳐 났다. 전에 있던 학교와 너무도 다른 환경에 답답함이 밀려왔다. 읽어가는 글자들이 목구멍에 탁탁 얹혔다.

드디어 아이들을 만나는 첫날이다. 해맑은 아이들의 모습 뒤로 빽빽한 울타리가 둘러싸고 있음을 느꼈다. 9시 정각 1교시 시작, 점심 시간은 단 40분. 그 시간 안에 손 씻기, 배식 준비하기, 배식, 점심 식사에 정리 및 양치까지 모두 끝내야 한다. 학교 수업이 끝나면 곧장 5분 안에 나가야 학원 차를 탈 수 있다며, 아이들은 나를 재촉한다. 방과후에 청소할 시간이 없어서 아침 등교 시간이나 중간놀이 시간에 청소를 해야 한다. 빽빽한 일과표와 아이들을 번갈아 봤다. 아이들 목구멍에 고구마가 하나씩 얹힌 것 같았다.

교실은 아이들의 에너지를 수용하기에는 너무 좁았다. 특히 남학생들은 교실에서 즐겁게 놀다가도 금세 다퉜다. 그런 아이들에게 에너지를 긍정적으로 발산할 기회를 주고 싶었다. 그러지 않으면 아이들이 곧 폭발할지도 모른다고 생각했다. 중간놀이 시간 20분, 이 시간만큼은 운동장에서 실컷 놀고 오라고 했다. 아이들은 정말 그래도 되냐며 재차 물었다. 후한 미소로 화답하니 눈을 반짝이며 잽싸게 나갔다.

한참 뛰놀다 들어온 아이들의 표정은 이내 밝아졌다. 아이들은 매일 중간놀이 시간에 나가도 되냐고 물었다. 질문이 좀 낯설었다. 이전 학교는 1층 교실마다 운동장으로 나가는 문이 있었다. 쉬는 시간에 나가서 노는 것은 당연한 일이었다. 그런데 이 아이들은 하루 20분 밖에서 노는 것도 자유롭게 결정하지 못했다. 열한 살의 삶이 안쓰러웠다.

나는 당연히 놀아야 하는 것 아니냐며 흔쾌히 허락했다.

며칠 뒤 학년회의 시간이었다. 부장님께서는 그날도 역시나 글자가 빼곡한 회의 자료를 들고 오셨다. 회의 내용을 하나씩 꾸역꾸역 머릿속에 집어넣었다. 회의가 끝날 무렵, 한 선생님이 조심스레 물으셨다.

"혹시 1반 애들 쉬는 시간에 운동장 나가나요? 우리 4학년은 목요일만 중간놀이 시간에 나가 놀 수 있어요."

학교에 이런 약속이 있을 줄은 꿈에도 몰랐다. 약속은 약속이니 얼른 죄송하다고 사과를 드렸다. 부장님께서 남은 회의 내용을 죽 알려 주셨지만, 그때부터 아무 말도 귀에 들어오지 않았다. 목요일만 운동장을 쓸 수 있다니…. 아이들이 자꾸 내게 나가도 되냐고 물었던 이유를 그제야 깨달았다.

회의 내내 이유 모를 답답함과 화가 내 안에 차올랐다. 몇 번이고 침만 넘기다 결국 입을 열었다.

"아이들은 언제 놀까요? 학교에서도 못 놀고, 학교 끝나고도 못 놀고…."

갑자기 눈물이 뚝뚝 떨어졌다. 아이들은 얼마나 답답할까 생각하니 마음이 아팠다.

안전 사고를 예방하기 위한 학교 차원의 조치를 이해 못 하는 게 아니다. 그냥 열한 살짜리 아이들의 고구마 같은 답답한 인생이 불쌍해 눈물이 났다.

집에 와서도 아이들 생각뿐이었다. 열한 살 고구마 인생에 사이다 같은 선생님이 되고 싶었다. 아이들에게 잠시나마 마음껏 뛰놀 수 있는 자유 시간을 주는 선생님 말이다. 그런데 아무리 생각해도 내 손에서 할 수 있는 게 별로 없었다. 아침부터 저녁까지 스케줄이 꽉 찬 아이들에게 무엇을 줄 수 있을까 한참을 고민하다 가장 소극적인 방법을 골랐다. 목요일은 내가 교실 청소를 하자. 그저 아이들이 할 일 하나만이라도 덜어 주자!

"목요일은 선생님이 청소한다. 너희들은 그날만이라도 잠깐 더 놀아라."

아이들은 감동의 눈빛을 보냈다. 학부모 상담을 할 때도 종종 목요일 청소 얘기가 등장했다. 혼자 청소하는 목요일은 괜히 뿌듯했다. 혼자 땀을 뻘뻘 흘리며 교실을 쓸고 닦으면 몸도 마음도 개운했다.

여름이 되자 개구쟁이들과 하루를 보낸 지친 몸으로 혼자 청소하는 게 은근 힘들었다. 그렇게 야심차게 시작한 목요일 청소는 한 학기만 하고 끝냈다. 그게 지금도 못내 아쉽고 미안하다.

서울의 첫 학교에서 그저 속 시원한 사이다 같은 선생
님을 꿈꿨다. 아이들이 놀면 불안해하는 학부모와 아침부터 저녁까
지 쉼 없이 앞을 향해 가야 하는 아이들 사이에서 내가 하고 싶은 일이
었다. 이제 내 품을 떠난 아이들에게 더 멋진 사이다 선생님이 나타나
길 기도해 본다.

우리가 그림책을
만드는 방법

이현아

"그림책 창작 동아리가 아니어도 쓰고 싶은 글이 있으면 누구든지 가져 오세요. 여러분 모두에게 그림책 한 권씩 만들어 주는 게 선생님 꿈이니까!"

교직생활 8년차, '교실 속 그림책 창작 프로젝트'를 진행한 지 3년째 되던 해였다. 3월 첫 수업 시간, 만나는 반마다 그림책을 만들어 주겠다고 호기롭게 외쳤다. 교과 전담으로 열 개 반, 200명이 넘는 아이들과 만나는 해였다. 그 중에는 내가 보내는 주파수에 꿈틀꿈틀 반응하는 아이들이 있었다. 수업이 끝난 오후, 혜승이가 교실 문을 빠끔히 열고 이렇게 물었다.

"제가 글은 자주 쓰는데요, 그림을 못 그리거든요. 혹시, 그림 못 그려도 그림책 만들 수 있나요?"

"물론이지!"

이튿날 오후, 혜승이는 공들여 쓴 글을 수줍게 보여 주었다. 노트 구석구석 끼적여 둔 글을 같이 읽느라 오후 내내 시간 가는 줄 몰랐다. 선생님이 독자가 되어 주는 게 좋았는지, 혜승이는 새 글을 쓸 때면 노트를 옆구리에 끼고서 교실에 들렀다. 시끌벅적한 쉬는 시간이나 점심시간에 짤막짤막 혜승이의 글을 읽는 재미에 푹 빠졌다.

성실하고 글 잘 쓰는 혜승이에게 없는 건 딱 하나, 바로 그림 실력이었다. 표현하고 싶은 건 많은데 하얀 도화지를 만나면 어떻게 시작해야 할지 몰랐다. 어쩌다 노트에 그린 그림을 보여 줄 때면 꼭 이런 말을 덧붙였다.

"아, 이건 망쳤어요. 전 역시 소질이 없나 봐요."

그림책 만드는 과정을 통해서 혜승이의 자신감도 쑥쑥 올려 줄 수는 없을까?

'겉으로는 괜찮아 보여도 속은 엉켜 있어요.'

어느 날 혜승이가 써 온 글을 읽다가 이 구절에 마음이 머물렀다.

이 구절 속에 담긴 이야기를 조금 더 듣고 싶었다.

"혜승아, 이 구절에 담은 마음을 좀 더 글로 풀어내서 그림책을 만들어 보면 어떨까? 엉킨 실로 마음을 풀어낼 수 있을 것 같은데…."

"엇 선생님, 지난달에 읽어 주셨던 그림책 중에서 빨간 털실이 나온 책 있었잖아요. 그 책 제목이…."

혜승이는 번뜩 떠올랐다는 표정으로 교실 뒤편 책꽂이로 달려갔다. 그리고는 세르주 블로크의 그림책 《나는 기다립니다》를 꺼내더니 번쩍 들어 보였다. '오호, 바로 그거지!' 이심전심으로 손발이 척척 맞아 들어가는 순간이었다.

세르주 블로크는 빨간 털실로 인생을 풀어냈다. 탯줄에서부터 링거 줄에 이르기까지, 인생에서 만나는 수많은 기다림의 순간을 선으로 담아냈다. 빨간 털실과 간단한 펜 선만으로도 이렇게 감각적인 그림책을 펼쳐 낼 수 있다니. 혜승이는 눈을 반짝였다.

"오~ 선생님, 이렇게 하면 그림 안 그려도 그림책 만들 수 있겠네요?"

그림을 잘 그려야만 그림책을 만들 수 있는 건 아니다. 연필 선이 자신 없으면 빨간 털실로 표현해도 되고, 드로잉을 못하면 사진으로 찍어도 된다. 혜승이는 복잡하게 엉켜 있는 속마음을 털실 선에 담아 보기로 했다. 털실을 뭉치고, 묶고, 자르는 과정을 사진으로 찍어 보면 어떨까? 그 사진으로 멋진 그림책 장면을 만들 수 있지 않을까?

수요일 오후, 드디어 그림책 작업을 시작했다. 교실에 털실을 잔뜩 펼쳐 놓고 이리저리 카메라 셔터를 누르다 보니 점점 흥이 오르기 시작했다. 그러나 한껏 들뜬 분위기도 잠시, 첫 구절에서부터 그만 꽉 막혀 버렸다.

'오늘 많이 속상했지만 엄마에게 괜찮은 척을 했다.'

대체 이 구절은 털실로 어떻게 표현하면 좋을까? 혜승이는 울상이 되고 말았다. 이런 추상적인 감정을 털실로 나타내기는 너무 어려웠다. 털실을 이리 만져 보고 저리 꼬아 보아도 도무지 아이디어가 떠오르지 않았다.

한참을 그렇게 교실에서 씨름하면서 시간은 자꾸 흘렀다. 혜승이를 따라왔던 친구는 털실과의 사투를 지켜보다가 이내 지겨워졌는지 몸을 이리저리 배배 꼬기 시작했다. 그것도 지겨워지자 큰 소리로 하품을 '쩌억' 하더니 털실을 가져다가 목도리 뜨개질을 시작했다. 그걸 무심코 바라보던 내가 눈을 번쩍 뜨고 소리쳤다.

"혜승아, 저거야! 뜨개질 말이야. 목도리를 짜 놓고 보면 겉은 한 땀 한 땀 고르게 보이지만 안쪽은 꼬여 있잖아!"

"와, 유레카!"

혜승이는 친구에게서 부리나케 털실을 낚아채 왔다. 우리는 교실 뒤쪽에 커다란 전지를 깔았다. 혜승이는 목도리와 털 뭉치를 전지 위에 올려놓고 요리조리 장면을 연출했다. 나는 카메라를 들고 의자 위로 올라갔다. 의자 위에 선 채로 아래쪽을 향해 구도를 잡고 신나게 셔터를 눌렀다. 그렇게 첫 장면을 완성했다.

오늘 팔이 우상했지만
부도님에 권합은 녹을 했다.

첫 장면이 풀리니 아이디어가 술술 쏟아져 나왔다. 상처를 주는 말은 어떻게 표현하면 좋을까? 손가락질과 주먹질로 표현하니 실감 났다. 흉터로 남은 상처는 어떻게 표현하면 좋을까? 실을 자른 다음 묶었을 때 생기는 매듭으로 표현하니 절묘했다.

"털실 아니나, 그냥 물시바."

그냥
빠 맘

그렇게 신나게 다음 장면, 그 다음 장면을 착착 연출했다. 털실 뭉치를 과감하게 가위로 잘라 보기도 하고, 테이프로 붙여 보기도 했다. 카메라 앵글에 담기는 피사체는 빨간 털실과 혜승이의 손, 그리고 얼떨결에 출연하게 된 친구의 손이 전부였다.

무아지경에 빠져들던 중 '실에 자꾸만 발이 걸린다.'라는 장면에 이르렀다. 실에 발이 걸려 넘어지는 장면을 찍을 순 없으니, 이 부분만큼은 그림을 그려 보자고 제안했다.

"선생님, 저 그림 그리는 건 싫어요."

혜승이는 완강히 반대했다. 그림을 하나도 안 그리고 손가락과 털실만으로 그림책을 완성하고 싶다고 했다. 어느새 작품에 대한 나름의 주관과 고집이 생긴 걸까? 혜승이는 어떻게든 손가락으로 장면을 연출해 보려고 안간힘을 썼다. 다양한 포즈를 시도해 보던 혜승이가 소리쳤다.

그날 무시라고 걸어가고 싶은데,

닿에 뭐뭐한 뭐이 걸린다.

"선생님, 이것 보세요, 검지랑 중지를 두 다리라고 보면 어때요? 이렇게 중지를 털실에 걸면, 걸어가다가 발이 걸리는 장면이 되잖아요!"

신나게 폴짝거리는 그 손가락을 카메라 앵글에 담았다. '찰칵, 찰칵' 셔터 소리를 요란하게 내며 정신없이 요리조리 찍어 댔다. 이윽고 원하는 장면이 카메라에 담기자, 나는 오른팔을 번쩍 들고 감격에 찬 목소리로 이렇게 외쳤다.

"오케이, 컷트! 다음 장면!"

아이들은 영화 세트장의 감독 같다며 까르르 웃었다. 뭐가 그리도 웃긴지 하얀 전지 위에 벌러덩 드러누워 데굴데굴 굴러가며 웃었다.

노란 볕이 드는 수요일 오후면 그날의 따뜻한 장면이 교실 뒤쪽에 아련하게 그려진다. 두 아이가 실내화를 벗어 놓고는 빨간 털실을 묶었다가 풀었다가 하면서 하얀 전지 위를 뒹굴고 있다. 선생님은 그걸 카메라에 담아 보겠다고 치마 차림으로 의자에 올라섰다. 엉덩이를 쭉 빼고서 아래쪽을 향해 '찰칵, 찰칵' 셔터를 누르고 있다. 내 생애 가장 따뜻한 교실 장면이다.

그렇게 또 한 권의 그림책이 탄생했다. 혜승이는 엉킨 실에 자신의 상처를 담았다. 한 권의 그림책을 만들며 살을 부비고 머리를 맞대었 던 이 시간이 그 엉킨 것을 조금이나마 풀어 줄 수 있었을까?

함께 꾸는 꿈

김진향

　따릭. 따릭. 늦은 밤 연달아 핸드폰이 울린다. 누굴까. 졸린 눈에 힘을 주고 서둘러 메시지를 확인했다. 동혁이다. 메세지의 음원 링크 주소를 누르니 잔잔하고 구성진 가락의 민요 소리가 흘러나온다. 멋들어지는 음색이다. 많이 들어 본 목소리 같다고 생각했는데… 아, 동혁이 목소리가 녹음된 음반이다. 이어폰을 찾아 끼고 눈을 감은 채로 한참을 빠져서 노래를 들었다. 감상에 젖으니 오래 전 동혁이와의 일들이 떠올랐다.

　동혁이는 2002년에 가르친 제자다. 잊을 수 없는 내 첫 제자. 눈에는 장난기가 가득했고, 뽀얀 피부에 덧니가 있어 귀여운 얼굴이었다.

한 반에 사십 명이 넘는 아이들로 북적였지만, 나는 초임교사 특유의 열정과 정성을 매일 쏟아 부었다. 그러나 동혁이는 내가 매일 애쓰는 만큼 멀어지며 나의 인내를 시험하는 아이였다. 말대꾸를 하고 심한 장난을 쳤으며, 삐딱한 태도로 내 감정을 휘저어 놓았다. 활동에 즐겁게 참여하는 것 같다가도 꼭 한번씩 찬물을 끼얹는 식으로 반 분위기를 망쳐 놓았다.

아이는 수시로 화를 냈고 싸움을 일으켰다. 감정 조절이 잘 안 되는데다 언제 터질지 모르는 그 분노에 모두들 조마조마했다. 나는 동혁이를 따로 불러 타일러 보기도 하고 감정이 가라앉기를 기다려 주기도 했다. 네가 그렇게 행동해도 나는 너를 미워하지 않는다고, 오히려 더 마음을 쏟고 있다는 걸 보여 주고 싶었다. 그런데 내 뜻과는 다르게 계속 힘든 일들이 벌어졌다. 동혁이는 수시로 싸울 대상을 찾아 친구들에게 시비를 걸었다. 사춘기 증상이라고 보아 넘기기엔 도를 넘었던 어느 날, 나의 인내심도 결국 바닥이 났다.

그날 오후 동혁이를 남게 했다. 자꾸 피하고 도망가려는 아이의 두 손을 꼭 잡고 붙들었다. 아이는 내 손을 뿌리치며 고개를 돌렸다. 나는 다시 두 손을 힘주어 쥐고 동혁이와 눈을 맞추며 말문을 열었다.

"동혁아. 선생님 좀 봐봐."

"싫어요. 혼낼 거잖아요. 손 놔요오~! 갈 거예요!"

아이는 악을 쓰며 반항했다.

"혼내는 거 아니야. 선생님이 하고 싶은 말이 있어서 그래. 제발 동혁아, 선생님 좀 보라구!"

쉽게 말을 듣지 않는 아이를 붙들고 애걸하던 나는 결국 바닥에 주저앉고 말았다. 하고픈 말 대신 그동안 참아 왔던 눈물이 터졌다. 내 진심을 몰라 줘서 야속했고, 학생 하나 제대로 돌보지 못하는 자신이 한없이 무능하고 한심하게 느껴졌다. 아이의 마음 속 이야기를 듣고 서로가 비밀을 공유하며 끈끈한 사이가 되고 싶었는데, 이게 뭔가 싶어 자꾸 눈물만 나왔다. 그런데 그 순간, 우는 나를 바라보던 동혁이의 눈에서도 눈물이 흐르기 시작했다.

"야, 넌 왜 우냐?!"

우리는 그렇게 손을 맞잡은 채 주저앉아 한참을 울었다.

며칠 후 동혁이 어머님과 상담을 했다. 조심스럽게 꺼내신 이야기를 들어 보니, 집에서 부모님 사이가 좋지 않아 가족들이 많이 힘들다고 했다. 특히 동혁이가 많이 상처를 받았을 거라고. 그랬구나, 그래서 속에 쌓인 화를 학교에서 풀었던 거였구나. 그리고 이어진 이야기는 더 놀라웠다.

"선생님, 동혁이가 선생님을 많이 좋아해요."

"네? 정말요? 저는 잘 못 느꼈는데…."

"학교 가는 것도 너무 즐거워 하구요. 우리 동혁이 좀 잘 부탁드려요."

"네, 알겠습니다. 앞으로 더 잘 챙길게요. 힘든 이야기해 주셔서 감사해요."

그날 이후 동혁이를 보는 마음이 한결 여유로워졌다. 행동의 원인과 속마음을 이해하게 되니 아이를 보는 눈길도 더 부드러워졌다. 그러자 동혁이는 조금씩 달라졌고, 2학기에는 학급 부회장까지 하게 되었다. 매달 아이들과 행사를 만들고 나들이를 갔던 나는 애틋한 첫 제자들과 더욱 특별한 추억을 만들고 싶었다. 그래서 국악에 관심이 있는 몇 명을 데리고 지인의 공연을 보러 가기로 했다. 서서 두드리는 대북의 그 웅장한 울림, 신들린 듯 유연한 연주자의 몸놀림에 우리는 넋을 놓고 관람했다. 그날 그 시간, 동혁이의 마음에 씨앗 하나가 뿌리내리기 시작했나 보다.

몇 년이 지나 고등학생이 된 동혁이의 전화를 받았다. 자기가 국악 공연을 하니 선생님이 보러 와 주셨으면 좋겠다고 했다. 국악으로 진로를 정해서 열심히 꿈을 향해 가는 중이었다. 그 기특한 모습을 보러 가야지, 가고 말고. 무대 위의 동혁이는 장난끼 많던 그 시절의 모습을 찾아볼 수 없을 만큼 의젓했다. 혼신의 힘을 다해 공연하는 얼굴에서는 빛이 났다. 정말 좋아하는 걸 찾았구나. 나도 모르게 북받치는 감정에 혼자 눈물을 닦았다. 자꾸 나를 울리는 이 녀석. 물어보니 5학년 때 함께 본 국악 공연이 너무 인상 깊었다고 했다. 내가 꿈을 심는 계기를 마련해 준 것 같아서 말할 수 없이 행복했다. 교사로서 이보다 더 감사할 일이 있을까.

얼마 전 따뜻한 봄날 저녁, 28살의 청년이 된 동혁이를 만났다. 제자가 사 주는 밥을 먹으며 속으로 혼자 또 감동하고 있었다. 그런데 갑자기 동혁이가,

"선생님, 선생님 첫 제자로 부끄럽지 않게 더 열심히 할게요."란다.

울컥해서 코끝이 찡해졌다. 아, 나 또 눈물 날 뻔했다.

"나도 더 좋은 선생님 되도록 열심히 살아 볼게."

각자의 자리에서 부끄럽지 않게 잘 살겠다는 다짐을 주고받은 우리. 얼마나 아름다운 사제지간이며, 서로에게 힘이 되는 존재인지.

이런저런 생각들을 떠올리다 어느새 또 눈물이 그렁그렁해졌다. 교사로 사는 삶이 지칠 때마다 이 아이를 떠올리며 힘을 낸다. 내가

함부로 지치지 말아야 하는 이유다. 우리가 함께 꾸는 꿈이 더욱 빛나도록 서로를 응원하면서 맡은 자리에서 잘 살아갈 것을 다짐한다. 내일은 내가 먼저 동혁이에게 문자를 보내야겠다. 네가 있어서 참 고맙다고. 너로 인해 나도 계속 꿈꿀 수 있다고.

PART .2

쌤, 안녕하세요

김소원

"쌤!" 은서의 또랑또랑한 목소리가 들린다. 은서는 멀리서 나를 발견하고 달려와 내 품에 폭 안긴다. 나는 더 이상 은서의 담임 선생님이 아닌데도 무척 반가워 한다. 애교 가득한 눈웃음을 보내며 조그마한 입으로 이러쿵저러쿵 조잘댄다. 나는 다정한 손길로 은서의 머리를 쓰다듬어 준다.

은서는 나에게 진한 인상을 남겼다. 내가 은서 담임이었을 때 은서는 또래보다 키가 작았다. 그땐 딱 내 허리춤 정도였다. 그래서인지 더 어리게 느껴졌다. 나는 은서 특유의 눈웃음을 좋아했다. 눈이 보이지 않을 정도로 활짝 웃는 모습을 보면 내 마음이 화창해졌다.

은서는 스킨십이 자연스러운 아이였다. 등교하자마자 나에게 달려와 "쌤, 안녕하세요!"라고 인사하며 품으로 파고들었다. 나는 그때마다 "또, 또, 쌤이 아니라 선생님이랬지."라고 맘에도 없는 잔소리를 하면서 아이를 꼭 안아 주었다. 아이는 죄송하다 말하며 품 안에서 히죽거렸다.

은서와의 일년은 좋은 기억이 더 많다. 하교하기 전에 내 앞에 쪼르르 와서 인사하고 가는 모습, 나와 손잡는 걸 좋아하는 모습들이 눈에 선하다. 물론 은서도 가끔 투정을 부려 나를 당황하게 하거나 수업 시간에 몰래 책을 꺼내 읽다 혼난 적도 있다. 그러나 곧바로 반성하며 바른 행동으로 고치는 아이를 보면 내 마음도 금방 풀렸다.

그러나 이듬해 다시 마주쳤을 땐 은서의 인사가 어색하게 느껴졌다. 당시 우리 반 아이와 진지한 이야기를 할 때나 은서 담임선생님과 눈이 마주칠 때면 괜스레 민망했다. 그때마다 품에 안긴 은서를 떼어 내기 바빴다. 가끔은 은서의 인사가 귀찮아 대충 답하기도 했다. 아직 어린아이라 서운할 법도 한데 은서는 한결같이 나를 반가워했다.

어느 날, 은서 담임 선생님과 한창 심각한 대화를 하는데 은서가 언제나처럼 달려와 안겼다. 받아 줄 분위기가 아니었기에 당황했다.

"이러지 마. 저리 가서 줄 서."

인상을 찌푸리며 단호하게 말했다. 서운해해도 어쩔 수 없다고 생각하면서 은서를 외면했다.

이야기를 이어가는데 은서의 한 마디가 귀에 꽂혔다. 은서는 뒤에 선 친구에게 "우리 선생님이야."라고 소개했다. 점심시간 내내 머릿속에 '우리'라는 단어만 맴돌았다. 나는 은서를 울타리 안에서 떠나보내고 선을 그었는데, 은서는 여전히 나를 울타리 안에 넣어 주었다. 참으로 부끄러웠다.

교실에 돌아와 은서를 맡았을 때를 떠올렸다. 그때 나는 아는 것보다 모르는 게 더 많은 신규 교사였다. 아이들과 관계를 맺는 데도 꽤 서툴렀다. 너무 뜨거운 나머지 이성보다 감정이 앞선 날이 더 많았다. 얼마만큼 친절하고 단호해야 하는지, 그 경계를 찾느라 애먹었다. 그래서인지 아쉬움이 많이 남는 해였다.

다행스럽게도 그해 아이들은 나를 잘 따라 주었다. 많은 아이들이 집에 가기 전 포옹을 건넨 나를 따스하게 안아 주었다. 내가 어쩌다 실수하고 멋쩍게 웃으면 "에이. 괜찮아요."라고 먼저 말해 주는 고마운 아이들이었다. 참으로 어설픈 나를 그저 사랑해 준 아이들, 은서도 그 중에 한 명이다.

그러나 나는 1년이 끝나는 순간 아이들을 향한 사랑을 그쳤다. 지난 사랑은 보내고 새로 만날 아이들만 생각하려고 했다. 어쩌면 스스로 부족한 선생이라고 느껴 예전 아이들과 당당하게 마주할 자신이 없었는지도 모른다. 은서의 말을 듣고 생각을 바로잡았다. 나와 지난 제자들은 무 자르듯 끊어 낼 수 없는 관계다.

며칠 뒤 만난 은서가 나에게 쪼르르 달려와 폭삭 안겼다. 나는 사랑스러운 그 아이를 더는 밀어내지 않고 꼬옥 안아 준다. 은서뿐만 아니라 나를 알아주는 다른 아이들에게도 살갑게 인사한다. 우리는 소소한 인사로 나름의 응원하는 마음을 전한다. 아이들과 계속 추억을 나눈다면 사랑의 끈은 이어지리라 믿는다.

오늘도 나는 결심한다. 노랗게 반짝이는 해바라기 같은 아이들에게 햇살처럼 따스한 사랑을 주기로. 멀리 떨어져 있어도 그들을 떠올리며 그들이 잘 자라기를 기도하면 된다. 아이들이 가끔가다 나를 찾는다면 언제라도 따스한 품을 내어 줄 준비를 할 뿐이다. 그렇게 같은 자리에서 사랑을 주고받는 선생님이 되어야겠다.

괜찮아요, 선생님

김래연

딱 한번이었다. 2학년 아이들을 맡은 것은. 줄곧 6학급에서 근무해 온 내가 2학년 담임이 되는 것은 쉽지 않았다. 아홉 살은 유치원생의 곰살궂음이 어렴풋이 남아 있고, 제 일은 어느 정도 스스로 할 줄 아는 나이다. 선생님의 말을 잘 따르고 사랑을 갈구하며, 귀염성이 있는 시기이다. 2학년은 늘 업무 많은 부장선생님이나 나이 지긋하신 선생님께 돌아갔다. 젊은 교사인 나는 언감생심 꿈도 꾸지 못할 일이었다. 그러던 어느 날, 기적 같은 일이 일어났다. 내 나이 27세, 교직 4년 차에 2학년 담임이 되었다. 새로 옮긴 어느 시골 학교에서였다.

참으로 바쁜 학교였다. 이런 저런 사업들이 쉴 새 없이 쏟아졌다.

6학급에서 업무로 이골이 난 나조차도 숨이 턱턱 막혔다. 교실은 혼돈 그 자체였다. 3월 중반에 접어들 무렵, 2학년 담임 자리를 내 준 것은 새로 온 나를 위한 배려가 아니었음을 깨달았다. 아무도 희망하지 않았기에 자연스럽게 남아 있던 터였다. 1학년 교실에서 승전보를 울리며 기세등등해진 아이들은, 2학년 교실도 점령하려고 호시탐탐 노렸다. 걸핏하면 싸웠고, 수업 시간에는 산만했으며, 숙제를 제대로 해 오지 않았다. 나는 싸운 아이들을 수시로 상담하고, 수업 시간에 언성을 높이며, 교사로서 무능력한 내 자신에게 지쳐 갔다.

나는 미숙했다. 22명의 아이들이 어떻게 하면 학급 규칙을 잘 지키게 할 수 있는지, 교사의 말에 집중하게 하는지 알지 못했다. 아이들만 바라보기엔 눈앞에 쌓인 업무가 많았다. 규칙을 지키지 않는 모습에, 숙제를 해 오지 않는 모습에 그저 화가 났다. 화는 어느 순간이 되자 바글바글 끓기 시작했다. 나는 폭주 기관차가 되었다. 아홉 살의 어린 아이들에게 앉았다 일어서기를 시켰다. 10번을 해도 안 되면 20번을, 그것도 안 되면 30번을 시켰다. 때로는 손바닥을 때렸다.

동준이만은 예외였다. 동준이는 자폐를 앓고 있었다. 신학기 상담일에 동준이 엄마는 긴 글이 적힌 손 편지를 건네주었다. 동준이가 어떤 아이인지, 어떻게 대해 주어야 하는지, 자폐란 어떤 증상인지 하는 것들이 빼곡했다. 동준이 엄마의 눈빛에 젊은 담임에 대한 불안과, 장애를 가진 자녀를 둔 부모 특유의 간절함이 묻어났다. 나는 걱정 마시라고 말씀 드리고 여러 번 편지를 읽어 보았다. 동준이를 대하는 것은 결코 쉽지 않았다. 종종 힘겨운 날이면 마음을 다해 한 자 한 자 써 내려갔을 동준이 엄마의 손 편지를 떠올렸다.

동준이는 똑똑한 아이였다. 셈이 빠르고, 받아쓰기를 잘했다. 어눌한 말투와 가끔 보이는 독특한 행동을 빼놓으면 여느 아이 못지않았다. 아홉 살만의 사랑스러움이 물씬댔다. 쉬는 시간이면 내 옆으로 와서 소소한 것들을 물어보았다. 경쾌한 목소리와 말끝을 올리는 어투는 나를 미소 짓게 했다. 동준이의 엉뚱한 대답은 교실을 웃음바다로 만들었다. 순수한 표정과 착한 마음씨 때문일까. 반 아이들도 모두 동준이를 좋아했다. 다만, 동준이는 수업 시간에 종종 늦었다. 종이 쳤는데도 놀이터에서 놀고 있거나 복도를 배회하기 일쑤였다.

어느 날, 동준이가 유독 늦었다. 수차례 약속을 어긴 동준이에게 다음에도 그러면 매를 들겠다고 엄포를 놓은 뒤였다. 나는 머리끝까지 화가 나서 교실 앞으로 아이를 불렀다. 찰싹. 아이의 손바닥을 한 대 때렸다. 두 번째로 내리치는 순간, 동준이가 막대기를 잡았다.

"때리면 안 돼요. 때리는 건 나빠요."

아홉 살 아이가 어디서 그런 힘이 났을까. 작은 손에서 막대기를 빼내려 해도 쉽지 않았다. 나는 동준이와 한참 실랑이를 했다. 아홉 살 악동들이 키득대는 소리가 귓가에 맴돌았다. 교실 밖으로 나가 어디라도 숨고 싶은 순간이었다.

그 후로 나는 매를 들지 않았다. 매를 든 것은 동준이었다. 가끔 일하고 있는 내 뒤로 가서 막대기를 잡았다. 칠판을 탕탕 치면서 아이들을 혼내는 나를 흉내 내었다. 주로 숙제를 안 해 오면 안 돼요, 선생님이 싸우지 말라고 했지, 조용히 해, 하는 것들이었다. 그 모습을 보고 있으면 나는 실패한 교사라는 생각에 좌절했다. 어떻게 한 해를 마무리했는지 기억나지 않는다. 산적한 일들과 씨름하고, 나에게 기어코 백기를 받아 내려는 아이들과 부대끼며 하루하루를 보냈다.

8년 후, 동준이를 다시 만났다. 지역에서 운영하는 '찾아가는 수학교실' 체험 부스에서였다. 그날, 나는 수학 보드 게임의 부스 운영자로 참여했다. 오전 10시가 되자 체험을 하려는 아이들이 모여들었다. 복잡한 틈 속에 익숙한 얼굴이 보였다. 짙은 눈썹, 오뚝한 콧날, 무언가 어색한 몸동작. 동준이었다. 솟아오른 목울대와 벌어진 어깨, 큰 키가 낯설지만 분명했다. 부스를 기웃거리던 아이가 내 앞으로 왔다. 부끄러운 기억 때문일까. 나는 아는 척을 하지 않았다. 대신 보드 게임 하는 방법을 알려 주고, 같이 게임을 해 주었다.

내내 게임을 하던 아이가 문득 입을 열었다.

"선생님, 그때 참 열심히 가르쳐 주셨는데."

아이의 말에 반가움과 창피함이 교차했다.

"너, 선생님 기억나니?"

"그럼요. 김래연 선생님이시잖아요. 2학년 때 감사했어요."

"…"

이 먹먹함을 어떻게 표현해야 할까. 동준이의 말처럼 나는 근사한 교사가 아니었다. 아홉 살의 아이들을 맡긴 학교를 원망하고, 수많은 업무를 탓하고, 매일 자책하며 괴로워했다. 8년 만에 나타나 그 시절의 나를 안아 준 동준이는, 수줍게 악수를 청하고 떠났다. 마주잡은 손이 크고 따뜻했다.

걸어가는 아이의 등 뒤로 아홉 살 동준이의 얼굴이 겹친다. 아이는 부산하고 체계가 없던 아홉 살의 교실 한쪽에 앉는다. 나에게 어서 오라고 연신 손짓하며 작은 입을 벌려 무엇인가 말한다.

"괜찮아요, 선생님."

일곱 글자가 내 마음에 또각또각 새겨진다. 아홉 살의 어린 아이가 젊은 날의 나를 위로한다. 당신이 애썼음을, 최선을 다했음을 알고 있노라고.

"고마워. 그리고 미안해."

순간, 아홉 살의 악동들이 꽃처럼 웃는다. 작은 입으로 괜찮다고 말하면서. 나는 한동안 그 자리에 머무른다.

우리 사이는

김누리

'슬픔은 나누면 약점이 되고, 기쁨은 나누면 시샘이 된다.'

직장에서는 진정한 친구를 만나기 어렵다는 말이다. 더구나 나는 붙임성이 없다. 사람들과 친해지는 데 오랜 시간이 걸린다. 그래서인지 저 말에 더 믿음이 갔다. 조심해서 나쁠 건 없다고 생각했다.

첫해 만난 동학년 선생님들은 모두 젊었다. 평균 나이가 28살, 가장 나이 많은 사람이 31살이었다. 바로 주연 언니다. 우리 학년은 총 네 반이었는데, 나는 3반, 언니는 4반이었다. 나란히 붙어 있는 교실에서 우리의 인연이 시작되었다.

낯가림 심한 나와는 달리 언니는 사교성이 좋았다. 누구에게든 먼저 다가갈 줄 알았다. 어른들께는 싹싹하게, 또래들한테는 따뜻하게. 아이들의 눈높이에 맞춰 수업도 재미있게 했다. 그러면서도 단호함을 잃지 않았다. 언니네 반은 항상 웃음꽃이 피었고, 질서가 잡혀 있었다.

정말 멋있었다. 처음엔 그런 언니가 멀게만 느껴졌다. 너무 완벽한 언니의 모습에 나는 압도당했다. 속으론 언니가 멋있다 느끼면서도 잘 표현하지 못했다. 친해지고 싶은데 막상 언니 앞에 서면 굳어 버렸다.

그런 언니와 가까워진 계기가 있었다. 하루는 교감 선생님께 불려 갔다. 내부 기안 결재 경로를 잘못 올려서였다. 교감 선생님께서는 많은 선생님들 앞에서 큰 소리를 치셨고, 나는 잔뜩 기가 죽은 채로 그 앞에 가만히 서 있었다. 수치스러웠다. 교실로 돌아와 한참을 울었다. 겨우 그치고 넋을 놓고 있는데, 주연 언니가 찾아왔다.

언니는 다른 이야기를 꺼내려다 멈칫, 내 얼굴을 빤히 들여다보았다.

"눈이 좀 빨간 거 같은데? 무슨 일 있었어?"

다시 울음보가 터졌다. 무슨 일 있었냐는 그 말이 참 따뜻했다. 아이같이 언니 앞에서 엉엉 울었다. 밖에서 다쳤을 땐 안 아픈 척하다, 집에 돌아와 엄마 얼굴 보면 눈물이 핑 도는 것처럼.

그 뒤로 언니는 나를 더 챙겼다. 내가 혼난 게 자기 탓인 거 같아 미안하다고 했다. 틈날 때마다 교실에 찾아와 간식을 나누어 주고, 수업이며 학급경영에 많은 도움을 주었다. 언니의 손길은 퇴근 후에도 이어졌다. 맛있는 저녁을 사 주기도, 심지어는 직접 차려 주기도 했다. 언니를 보며 '아, 마음은 이렇게 주는 거구나.' 하고 생각했다. 언니가 내게 주는 만큼, 나도 언니에게 주려고 노력했다.

타지에서의 사회생활, 언니는 나의 버팀목이었다. 내가 진심으로 존경하고 기댈 수 있는 유일한 어른이었다. 언니를 보며 마음을 표현하는 법을 배웠다. 모든 건 마음먹기에 달려 있다고 하던가. 사회생활에서도 얼마든지 좋은 친구를 사귈 수 있다. 이제는 다른 지역에 있지만 우리는 여전히 서로를 응원한다. 슬픔은 나누면 없어지고, 기쁨은 나누면 배가 되는 사이. 우리는 그런 사이다.

지금도 국민 악녀가 꿈이니?

류윤환

"선생님, 저는 국민 악녀가 될 거예요. 이유리처럼요."

예상치 못한 대답이다. 첫 제자라서 최선을 다하고 싶은 마음에 평소 1:1 대화를 자주 나눴고, 그날은 꿈을 묻고 응원과 도움을 주고 싶었다. 한 명씩 돌아가며 진로상담을 했고 미래 차례가 되었다. 교사, 의사, 경찰처럼 많이 나오는 답변이 아닐 거라 짐작은 했었다. '어떤 답변이 나올까? 그럼 나는 어떻게 반응하는 게 좋을까?' 집에서부터 미리 생각했지만 미래의 답변을 듣고 말을 잇지 못했다. 이유를 묻지 못했다. 미래의 눈빛이 충분히 이유를 말하고 있었기 때문이다.

학기 초, 미래는 특별히 눈에 띄지 않았다. 말수가 적었고, 행동이 조심스러웠기 때문이다. 그나마 눈에 띈 이유는 유독 까만 피부라서였다. 정말이지 길거리에서 만났으면 흑인 아이거나, 태닝을 했을 거라 생각할 정도였다. 그게 영양 부족 때문이라는 사실을 뒤늦게 알기 전까지는 눈에 띄지 않은 미래에게 큰 관심을 주지 못했다. 게다가 딱히 문제를 일으키지는 않았으니 말이다.

미래는 자신을 잘 감췄다. 어머니가 안 계시고 아버지와는 교류가 거의 없는 가정환경을 들키지 않기 위해 부모님 핸드폰 번호를 적는 칸에 자신의 번호를 적었다. 담임 선생님이 학부모님께 보내는 문자도 학부모인 마냥 그럴싸하게 답장을 하곤 했다. 부모님 사인을 받아야 하는 동의서와 조사서도 그럴싸하게 해 오곤 했다. 자신의 처지를 잘 감추는 미래의 노련함 때문에 자세한 사정을 알기 어려웠다.

몇 차례 사건으로 진실을 알 수 있었다. 6학년이 찬 공이 미래의 얼굴을 강타했다. 안경이 부러지고 눈을 크게 다쳤다. 급히 부모님께 연락을 드렸는데 미래 핸드폰이 울리는 것이었다. 어머니가 안 계시다는 사실을 그때 알게 되었다. 우여곡절 끝에 연락이 된 미래의 아버지는 딸이 다친 소식에 귀찮다는 반응을 보이셨다. 미래는 부러진 안경을 쓴 채로 학교에 다녔고, 몇 주가 지나서야 새 안경을 맞췄다. 걱정과 두려움이 엄습하여 작년 담임 선생님에게 미래의 가정 사정을 물어보았으나, 도움이 될 만한 답을 듣지 못했다. 수년간 자신을 감추기 위한 미래의 노력 때문이었다.

하루는 미래가 학교를 안 왔다. 연락도 받지 않는다. 무관심한 아버지는 당연히 연락이 안 된다. 처음 몇 번은 전화 신호라도 울리더니 몇 번째부터는 연결 자체가 안 된다. 일부러 껐다는 생각이 들었다. 집에 가도 문을 안 열어 줄 것 같아서 아이들과 작전을 세웠다. "선생님이 초인종 뒤에 숨어 있을 테니, 너희가 벨 누르고 놀러 온 것처럼 하는 거야. 알겠지?" 인터폰으로 보이는 친구들 모습에 안심하고 문이 열렸고, 그대로 나도 들어갔다. 작전이 성공했다는 기쁨이 집 안에 들어서자 죄책감으로 바뀌었다.

왜 국민 악녀가 되고 싶었는지 이해가 되었다. 널브러진 소주병, 누군가 의도하고 깬 듯한 전자제품, 쾌쾌한 냄새, 발 디딜 틈도 없을 정도로 정돈이라고는 찾아볼 수 없는 모습. 집 안 상황은 그간 어떤 사건이 있었을지 머릿속에 그림이 그려지게 했다. 가족으로부터 받은 상처가 미래의 꿈을 만들었단 생각이 들었다. '왔다 장보리'라는 가족 드라마에서 배우 이유리가 악역을 연기했다. 어찌나 연기를 잘 했는지 '국민 악녀'라는 별명이 붙었다. 가족과 관련된 상처는 누구에게 뒤지지 않는다고 생각한 미래는 가족 드라마 악역 배우를 꿈꿨다.

　돌아오는 길에 학교를 오지 않은 이유를 물었다. 나 때문이었다. 누군가의 도움을 받지 않으면 숙제를 하기 어려웠고, 담임 선생님이 숙제 검사를 워낙 꼼꼼히 하기에, 밤새 고민하다 등교를 안 한 것이다. 이 얼마나 못난 교사인가. 내 열정이 무엇을 위한 것이었나 싶었다. 친구들이 놀리는 것을 막기 위해 오는 길에 과자를 잔뜩 사 왔다. 영화 보고 과자를 먹으며 주의를 돌리기 위해서였다. 과자를 먹으며 영화에 집중하는 아이들을 교실 뒤에서 바라봤다. 마음이 아팠다. 그 후로 숙제와 관련한 일은 주의하긴 했지만, 그것만으로는 미래에게 충분한 배려가 되지 않았다.

　특히 아이들과 함께하는 야외 활동이 그랬다. 축구부와 육상부 업무를 맡았기에 주말 대회가 많았다. 학생을 인솔해 나간 김에 우리 반 아이들도 데리고 놀러 가곤 했다. 주말에 혼자 지내는 게 힘들다는 미래는 야외 활동에 적극적이었다. 야외 활동 시 필요한 최소 비용조차 부담하기 어려운 미래를 위해 주로 내 지갑에서 지출을 했다. 하지만 아이들은 돈을 가져오지 말라는 선생님의 말에도 부모님이 알게 모르게 챙겨 주는 용돈과 간식을 가져왔고, 미래는 그 속에서 소외를 느꼈다. 즐거움이 큰 만큼 받는 상처도 깊었다.

그렇게 반년이 지났다. 나는 2학기 시작과 함께 타 지역으로 발령받았고, 아이들에게 이별을 통보했다. 대부분의 아이들이 슬피 울거나 아쉬워했지만, 미래는 그 마음도 표현하지 못한 채 뒤에 숨어 있었다. 슬픈 감정을 날 것 그대로 표출하는 아이들 사이에서 혼자 어떻게 반응해야 할지 모른 채 당황하는 미래가 보였다. 그렇게 헤어졌다. 최선을 다했다고 생각했지만 좋은 교사 흉내만 내다 끝난 기분이었다. 한동안 마음이 무거웠다.

고향집에 갈 때면 첫 발령지 학교를 보게 된다. 학교는 아파트 단지 내에 있다고 말할 정도로 가까워서 안 보일 수가 없다. 교문 밖에서서 그때 그 교실 창문을 바라본다. 설렘과 열정과 떨림과 눈물을 주었던 곳. 미래가 생각난다. 내게 큰 교훈을 준 아이. 교사가 좋은 의도로 한 모든 것이 좋은 결과를 이끌어 내지 못할 수도 있다는 배움을 준 아이. 그래서 끊임없이 고민하고 노력하게 해 준 아이. 중학교 가서는 잘 지내는지 궁금하다. 만나면 묻고 싶다.

'미래야, 지금도 국민 악녀가 꿈이니?'

우리 부장님은
뽀르뚜가

한지혜

출근하던 학교를 그만뒀다. 경기도에서 근무하던 학교였다. 서울 발령을 계획하고 있었기 때문이다. 웬걸, 깜깜 무소식이었다. 출근하지 않고 집에 있는 나 홀로 타지 생활을 했다. 오전 시간이 매우 길었다. 늦잠 자는 것도 한두 번이지 지겨웠다. 매주 대학원에 묶여 있어 멀리 여행을 갈 수도 없었다. 비싼 월세도 계속 나갔다. 기간제 교사 자리를 구해야만 했다.

어깨가 축 처졌다. 인생 물결은 내 계획대로 흐르지 않았다. 어디로 흐를지 몰라 불안하게 거침없이 파도치는 마음으로 기간제 학교를 찾았다. 그렇게 용인에 있는 학교에서 근무를 시작했다. 한 학기 동안 일하는 자리였다. 이전 학교는 한 학년에 반이 9개였다. 이번 학교는 한 학년에 반이 단 두 개였다. 학생 수는 이전과 비교해 반 토막이었다. 건물은 오래되어 천장에서 석면 가루가 떨어지고 있었다. 너무도 다른 환경이었다.

"어머 반가워요."

접시 위에 굴러가는 맑은 옥구슬 같은 목소리였다. 그 분은 옆 반 부장님이셨다. 고운 목소리와 반달 모양 눈웃음은 순간 내 마음을 사르르 녹였다. 부장님 덕분에 힘 나는 학교생활이었다. 나는 일정 시간이 지난 후 떠날 사람이었다. 그러나 부장님은 5년 동안 옆 반에서 근무할 동료 교사처럼 날 대하셨다. 그렇게 우린 함께했다.

부장님 마음에는 불타오르는 새빨간 열정이 있었다. 《나의 라임 오렌지나무》 온책 읽기가 가장 기억에 남는다. 함께 하지 않겠느냐 적극적으로 제안하셨다. 짧은 시간이었기에 조용히 무난하게 지나길 바랐던 내 시간은 거대한 프로젝트로 활기를 띄었다. 한 학기 동안 국어 통합 수업을 했다. 뜨거웠던 부장님과 미지근했던 나는 매주 두 번 이상 같이 공부하고 의견을 나누었다. 큰 그림을 그리며 수업을 연구하고 실행했다.

부장님 머릿속은 푸르른 아이디어 은행이었다. 영화 한 편을 찍기로 계획했나. 누 반이 전, 후반부로 책 장면을 나누어 역할극을 했다. 학생들과 장면에 어울리는 배경을 그렸고, 말과 행동이 실감 나게 끊임없이 연습했다. 홍보 플래카드를 붙였고 초대장을 만들었다. 두 반의 의자를 모았고, 스크린을 설치해 영화관을 만들었다. 준비했던 역할극은 마치 한 편의 영화와 같았다. 불가능할 줄 알았던 머릿속 아이디어를 눈 앞에서 보게 되었다.

부장님과 나. 둘이 만난 시너지로 아이디어는 샘솟았다. 교실에 있는 긴 옷장을 바닥에 눕혔다. 제제의 친구 뽀르뚜가가 죽는 장면을 생생히 느끼기 위한 관 체험 시간이었다. 아이들은 세상에서 가장 사랑하는 사람에게 유서를 썼다. 한 명 한 명 옷장에 들어갔다. 죽음이 두렵다며 우는 아이, 생각하기도 싫다며 경멸하는 아이, 죽지 않고 영원히 살고 싶다고 간절히 바라는 아이들이 있었다. 그날 열두 살 아이들은 온 몸과 마음으로 죽음을 느꼈다.

돌이켜 보니 제제와 뽀르뚜가는 나와 부장님이었다. 우린 우정을 나누었다. 온책 읽기 통합 수업 과정 가운데 서로가 필요했고, 서로에게 많이 배웠다. 나는 부장님에게 열정과 도전을. 부장님은 내게 끈기와 성실함을. 우린 그렇게 서로가 서로의 부족함을 채우며 도왔다. 스스로와 학생들에게 가장 좋은 것을 주기 위해 치열하게 고민했고, 끊임없이 노력했다.

찬바람이 쌩쌩 흐르는 서울살이 중 문득 부장님이 생각났다. 2년 만에 처음으로 쑥스러움을 이기고 연락 드렸다. 답장은 역시나 상상 이상이었다.

'고마워. 오늘도 정말 감동이네. 마지막에 학교 옮길 때 그간 감사했다고 써 준 글 너무 감동이었어. 그래서 한글 파일로 옮겨 저장해 놓는데, 오늘 이 카톡으로 또 마음을 울리네. 오늘 보내 준 글도 저장해도 되지? 많이 고마워.'

먹먹한 가슴을 부여잡았다. 부장님의 긴 카톡을 한동안 봤다. 말할 수 없는 감사함에 뭉클했다. 내가 쓴 책을 드리고자 집 주소를 알려 달라 말씀드렸다. 고마웠던 마음을 담아 사부님 것까지 드린다고 전했다. 지금 당장 내가 할 수 있는 최선이었다.

택배 보내러 가는 길이다. 우리가 우정을 나누었던 때를 떠올렸다. 상황도, 나이도, 환경도, 그 어느 것에도 영향을 받지 않았다. 제제와 뽀르뚜가처럼 온전히 서로가 필요했던 그때를 생각했다. 그리고 동시에 언젠가 나도 앉을 선배 교사의 자리를 생각한다. 그저 진심의 마음으로 사람과 사람이 만나 따뜻함이 통하는, 그런 선배 교사가 되는 길을 지금 걷는다.

지구 반대편에서 날아온 소울메이트,
안녕 베로니카!

정아령

지구 반대편 뜨거운 나라에서 천사가 왔다. 금빛이 감도는 아름다운 흑색 피부에 커다란 눈, 볼록한 이마, 귀염성 있는 얼굴을 지닌 베로니카. 풍만한 몸매만큼이나 넉넉한 마음을 지닌 새로운 원어민 선생님은 남아공에서 온 나보다 한 살 어린 여자였다.

"안뇽하쎄요."

태국에서 얼마간 영어 교사를 하다 한국에 막 날아온 그녀는 습관적으로 두 손을 모아 "싸와디캅" 하고는, 이내 죄송하다며 더듬더듬 한국어로 다시 인사를 했다. 그녀와의 첫 만남이었다. 비가 추적추적 내렸고, 업체의 픽업 차에서 내린 그녀를 나는 바로 집으로 안내했다. 밝은 미소 너머로 긍정적인 에너지와 예의 바른 성품이 전해졌다.

3년 차에 영어 전담이 되었다. 작은 학교라 3~6학년의 영어와 과학, 음악도 함께 가르치게 되었다. 원어민 업무와 학습 준비물, 교구, 과학, 영어 업무가 함께 왔다. 적은 연차에 4개 학년 영어와 과학 수업 준비를 혼자 다 하는 것은 나로서는 맨땅에 헤딩하기였다.

그 외로운 길에 함께 갈 다정한 동료가 생겼다. 베로니카였다. 우리는 참 비슷했다. 당시 또래 선생님들보다 조금은 이상적이라고 치부되었던 내 가치관이 베로니카와는 꼭 같았다. 배우려고 하는 진취적이고 독립적인 태도도 닮았다. 우리는 음악을 좋아했고, 잘 웃었다. 그녀는 사람 좋고 열정적이어서 모든 학교 식구들의 사랑을 받았다.

베로니카의 그림자가 되고 싶었다. 유명 셀레브리티의 매니저가 된 것 같았다. 모든 학교 메시지를 영어로 해석해서 되보내 주었다. 학교 상황을 이해하고 소속감을 느끼도록 돕고 싶었다. 덕분인지 베로니카는 적극적으로 학교 행사에 참여하고, 자발적으로 봉사하고 헌신했다. 그런 점에서 이전 원어민 선생님과 너무 다른 베로니카를 모두가 사랑했고, 학교의 분위기는 확 달라졌다.

학교는 교통이 불편한 최북단 깡시골이었다. 나는 원어민 업무를 핑계 삼아 차를 샀다. 머나 먼 출입국사무소에 오가거나 건강검진을 다녀올 때, 은행 업무를 볼 때도, 그녀를 불편함 없이 돕고 싶었다. 덕분에 우리는 곳곳을 여행했다. 매일 저녁을 같이 먹었다. 자연스럽게 수업 아이디어를 나누고, 아이들 이야기를 했다. 그게 참 좋았다. 동료들과는 업무 이야기가 대부분이었고, 나는 늘 수업 대화가 고팠다. 베로니카의 집에서 밤새 수다를 떨다 잠들기도 했다. 그렇게 우리는 둘도 없는 친구이자 가족이 되었다.

초겨울의 어느 시린 날이었다. 베로니카가 얼굴을 찌푸리며 말했다.

"손이 아파요."

깜짝 놀란 나는 다급히 손을 살폈다. 아무 이상이 없었다. 그리고 이내 웃었다.

"그건 춥다는 느낌이야. 나도 그래."

장갑을 끼워 주면서 내가 말했다. 따뜻한 나라에서 온 베로니카가 처음 겪어 보는 추위에 대한 느낌, 손이 시리다는 것을 아프다고 표현하는 그 순진함에 웃음이 났다. 그녀의 모든 처음을 함께한다는 기쁨, 부모의 마음이 이런 거겠구나 했다.

나는 베로니카와 쿵짝이 잘 맞았다. 덕분에 '영어 독서 으뜸 학교'와 '영어 튜터제', '전화 영어'를 운영할 수 있었다. 영어 독서 공동체를 다니고 공부하면서 바로 적용하고, 함께 결과물을 나누는 것을 즐겼다. 주중도 주말도 늘 함께 보내다 보니 내 시골살이 2년은 유학 생활이 되었다. 한국인보다 외국인과 있을 때가 더 많았다. 아이러니하게도 말이 안 통하는 외국인들과 더 마음이 잘 통했다. 그들은 평가하거나 판단하지 않고 내 이야기를 들어 주었다. 덕분에 내 생각을 말하는 데 두려움이 조금 줄었다. 그러면서 없던 나만의 생각을 조금씩 키워 갔다.

한 해가 지나고 베로니카는 재계약을 위해 의례적인 건강 검진을 받았다. 그런데 뭔가가 이상했다. 정밀 검진이 필요하다는 소견이었다. 혈액암, 백혈병이었다. 원인은 알 수 없다고 했다. 초기인지라 표적 치료제를 정기적으로 먹으면 몇 년 안에 완치도 가능하다고 했다. 요즘은 항암치료 없이도 백혈병을 치료하는 시절이 왔구나 싶었다. 우리는 별거 아니라고 담담히 이야기했지만, 가슴이 무너져 내렸다. 그해 나는 세상에서 가장 외롭고 슬픈 사람 같았다.

다행히 일하는 데는 전혀 지장이 없다고 했다. 증상은 없었다. 의사의 진단서를 받아 교장 선생님께 보여 드리고, 재계약이 성사되었다. 한 해간 나는 베로니카의 건강 관리에 각별히 신경을 썼다. 괜한 뒷말을 듣게 하기가 싫었다. 사람들의 지나친 우려와 선입견은 병보다도 더 힘들 것이었다.

백혈병 진단을 받고 처음 맞는 크리스마스에 베로니카 집에 모였다. 동네 친구 나디아와 곧 남아공으로 돌아갈 친구 한 명이 와 주었다. 고통스러운 척수 검사를 하는 내내 나는 베로니카를 놀렸다. 한번이라도 더 웃겨야 했다. 웃으면 슬퍼서 더 힘껏 웃어야 했다. 움직이지 못하는 베로니카를 옆에 뉘어 두고, 우리는 아이스크림 케이크에 와인 한 잔을 걸치며 크리스마스 기분을 냈다. 내 생애 가장 슬프게 따뜻한 크리스마스였다.

최북단 시골살이 4년이 지나고 나는 그곳을 떠났다. 그리고 우리는 한동안 연락을 안 했다. 너무 잘 지내고 있다는 말도, 못 지낸다는 말도 들을 자신이 없었다. 한 해 지나고 그녀를 만났다. 약을 잘 먹고 있는지, 새로운 협력교사와는 잘 지내는지 물었다. 남아공보다야 낫지만, 약이 워낙 비싸서 약을 끊었다고 했다. 새로운 협력교사에 대해서는 불편한 듯 말을 아꼈다. 더는 묻지 않았다. 묻지 않아도 느낄 수 있었다.

새로운 지역으로 옮겨 온 나의 삶은 크게 바뀌었다. 무조건 행복했다. 모든 게 전보다 나았다. 건강도, 생활도, 관계도, 일도. 수고한 나를 위해 홀로 여행을 떠나기로 했다. 그런데 겁이 많아 도무지 엄두가 나지 않았다. 마침 베로니카가 집으로 돌아간다고 했다. 나는 친구의 집으로 가기로 했다. 나의 첫 아프리카 여행이었다. 가족들은 동네가 떠나갈 듯이 춤을 추고 음악을 높이며 나를 환대했다. 따뜻하고 신나는 시간이었다.

"아령, 내가 운전할게."

"좋아! 남아공에서 운전 오래 했어?"

"응, 몇 주…?"

"????!"

"It's okay. 나만 믿어!"

여행을 하는 내내 우리의 덤앤 더머 행각은 계속되었다. 운전 초보인 둘이서 수동 운전을 하느라 사고를 겪을 뻔하기도 했다. 한국과 운전석이 반대였다. 나는 역주행을 일삼고, 시동을 꺼뜨리곤 했다. 그리고 베로니카는 급브레이크로 내 심장을 쫄깃하게 했다.

베로니카 가족들은 '아령 없이는 집에 오지도 말라.'고 했다고 한다. 짧은 시간 동안 정이 많이 들었다. 베로니카는 가족이 참 많았다. 책임져야 할 식구들이 많아 집으로 늘 많은 돈을 보내고, 주말은 집에서 보내며 돈을 아꼈다. 베로니카는 누구보다 강하다. 그래서 다른 사람에게, 가까운 이들에게조차도 자신의 병을 알리고 싶지 않아 했다. 동정 받고 싶지 않다는 이유였다. 그러다 약을 안 먹어도 아무런 이상이 없다며 약을 끊었다. 비싸서다. 걱정스러운 마음에 목구멍까지 차오르는 잔소리를 꾹꾹 눌렀다. 내가 약제비를 대줄 수도 없는데 그녀에게 강요할 자격이 있을까. 그녀의 삶이다. 나는 보호자가 아니었다.

그녀는 한국 초등학교에서의 영어교사 생활을 접고 이제 한국의 대학에서 강의하고 싶다면서 중국에 갔다. 일하면서 무료로 공부할 수 있는 기회가 있단다. 그녀의 열정을 보면 그녀는 괜찮다. 완전히 괜찮다. 무조건 건강할거다. 나는 매일 그렇게 기도한다. 그리고 더 많은 이들이 함께 기도해주시면 좋겠다.

지구 반대편에 내 쌍둥이가 있다면 분명 그녀일 거다. 열정이 앞섰던 서툰 우리였지만 서로를 만나 안간힘으로 스스로 서고자 했다. 우리의 지난날은 그렇게 요약된다. 누구보다 독립심 강하고 꿈 많던 두 여자가 만나 서로를 의지하며 그렇게 성장해 갔다. 서로가 서로를 구했다고 믿고 싶다. 멀리서 온 유쾌한 방문객이 이 땅의 아이들을 위해 쏟았던 열정과 진심, 헌신이 기억되기를 바란다.

오늘도 나는
너를 읽는다

박미정

　3월 첫날, 선생님과 아이들은 조용히 서로를 탐색한다. 긴장과 설렘이 만들어 내는 고요가 교실을 채운다. 그날도 그랬다. 이제 막 3학년이 된 아이들과 처음 만난 날, 나는 허리를 꼿꼿이 세우고 아이들 앞에 섰다. 1년 중 아이들이 선생님 말을 가장 잘 듣는 날이다. 책 읽어 주기 참 좋은 날이다. 나는 적당한 고요를 즐기며 슬며시 그림책을 한 권 꺼냈다. 전날 밤 꽤 오래 책장 앞을 서성인 끝에 고른, 바로 그 책을 읽어 주려 했다. 모든 아이들이 내 이야기에 흠뻑 빠질 거라고, 내가 담임 선생님이 된 걸 너무나 기뻐하게 될 거라고 기대하면서.

　"자, 모두 선생님 앞으로 모여 앉으세요."

아이들이 하나 둘 앞으로 나왔다. 나를 향해 반짝이는 까만 눈동자를 보니 기분이 좋았다. 낭랑한 목소리, 우아한 손동작을 곁들여 읽어 주마 생각했다. 바로 그때였다.

"쾅!"

교실 앞문이 거칠게 닫혔고, 곧이어 뒷문이 '쾅' 닫혔다. 한 아이가 앞문과 복도를 거쳐 다시 뒷문으로 들어왔다. 까만 피부에 키 작고 마른 남자 아이. 경수였다. 순간 교실은 차갑게 얼어붙었다. 내 머릿속은 금세 수많은 물음표로 가득 찼다. 저 아이가 지금 왜 저런 행동을 할까? 나는 지금 어떻게 반응해야 하나? 1년 동안 저 아이와 잘 지낼 수 있을까?

결국 첫날 그림책 읽어 주기는 보기 좋게 실패했다. 경수는 책이 싫다며 소동을 피웠다. 급기야 교실 바닥에 누워서 뒹굴며 노래를 불렀다. 어르고 달래도 보고, 으름장도 놓아 봤지만 통하지 않았다. 그날부터 나는 하루에도 수십 번씩 '경수'란 이름을 불렀다. 경수에게서 눈을 뗄 수가 없었다. 수업 시간에 큰 소리로 딴 소리하기, 벌떡 일어나 교실 돌아다니기, 교실 문 열고 나갔다 들어오기, 욕하기, 화장실에서 위험한 장난치기. 경수가 있는 곳에서는 여지없이 싸움이 일어났다. 나는 마음속으로 '저 아이만 없으면 백조처럼 우아하게 수업할 텐데' 했다.

그러던 어느 날, 경수가 내 턱 밑으로 종이 한 장을 쑥 내밀었다.

"네가 도란도란을 하겠다고?"

도란도란은 방과후에 하는 학급 책모임 이름이다. 그림책 읽어 줄 때마다 지루하다며 몸을 꼬는 경수다. 그런 경수가 책모임 신청서를 가져온 거다. 큰일이었다. 책도 안 읽어 오고 방해만 할 게 뻔했다. 경수와 같은 팀이 된 아이들 표정도 좋지 않았다. 겨우 달래서 어렵게 책모임을 시작했다. 역시나 경수는 책을 읽어 오지 않았다. 우걱우걱 간식만 먹고, 엉뚱한 소리만 했다. 그러면서도 책모임은 꼬박꼬박 나왔다. 볼수록 밉상이었다.

그런데 경수가 조금씩 달라졌다. 책에 관심 없다는 듯 바삭바삭 소리를 내며 과자를 먹다가도, 갑자기 할 말이 있다고 손을 번쩍 들었다. 그림책 읽어 주다 고개를 들면, 언제나 경수와 눈이 딱 마주쳤다. 그림을 잘 보려고 목을 쭉 뺀 경수의 모습에 웃음이 났다. 《에드와르도 세상에서 가장 못된 아이》를 읽으며 경수는 신이 나서 1, 2학년 때 선생님께 혼난 이야기를 했다. 《치킨 마스크》를 읽을 때는 자기가 노래는 잘한다며 어깨를 으쓱했다. 《만복이네 떡집》 주인공 만복이가 꼭 자기 같다며 히죽히죽 웃었다.

방학을 며칠 앞두고, 일찍 학교에 온 경수가 잔뜩 흥분한 목소리로 소리쳤다.

"선생님, 이 천하의 김경수가 태어나 처음 책을 샀어요!"

손에는 반들반들한 책 한 권이 들려 있었다. 《찰리와 초콜릿 공장》이었다. 몇 주 전부터 반 아이들에게 읽어 준 책이다. 엄마를 졸라 책을 샀다. 너무 좋아서 어젯밤에 반을 읽었다. 경수는 쉬지 않고 말했다. "헤헤헤" 하며 해맑게 웃었다. 나는 경수를 향해 엄지를 척하고 들어 보였다. "네가 최고다!"라는 말과 함께.

그러고 보니 경수는 더 이상 수업 시간에 돌아다니지 않았다. 싸움이 생기면 자기 잘못을 인정하고 바로 사과했다. 여전히 바른 자세로 앉아 있지 못했고, 수업 시간에 노래를 불렀다. 하지만 경수는 늘 내 눈을 보고 있었다. 내가 눈을 찡긋하면 자세를 고쳐 앉고, 노랫소리를 줄였다.

"경수가 눈웃음이 참 귀여워."

"경수가 거짓말은 안 하지."

날마다 칭찬거리가 하나씩 늘었다. 신기했다. 무엇이 경수를 달라지게 했을까.

돌이켜보면, 변한 건 경수가 아니라 나였다. 나는 책을 읽어 주며, 경수와 눈을 맞추고 이야기를 들었다. '경수'라는 사람 책을 읽었다. 맞벌이하는 엄마 아빠를 두어 늘 혼자였던 아이. 늦은 시각까지 동네를 돌아다니다 아무나 만나 시간을 보내는 경수. 사람이 그리운 아이. 에너지가 넘쳐 자유롭게 돌아다녀야 하는 아이. 경수란 책은 무척 흥미로웠다. 어떨 때는 재미있어 까르르 웃고, 어딘가에서는 뭉클해져 읽는 걸 멈춰야 했다. 나는 그렇게 경수를 알아 갔다.

점차 경수와 손잡고 눈 맞추는 일이 좋아졌다. 더 이상 화가 나지 않아 마음이 평온해졌다. 경수는 원래 괜찮은 아이, 좋은 아이였다. 딱딱하고 거친 겉옷을 입고 있어 여린 속살이 드러나지 않았을 뿐이다. 진심을 다해 읽으니, 아이가 보였다. 경수는 1년 내내 크고 작은 소동을 끊임없이 일으켰다. 그래도 괜찮았다. 경수 안에 순수한 아이가 살고 있다는 걸 난 알고 있었으니까. 우린 진하게 통했으니까.

지금도 나는 반 아이들에게 열심히 책을 읽어 준다. 슬쩍 아이들 가까이 다가간다. 아이가 품어 온 이야기를 기꺼이 열어 보일 때, 나는 즐거운 마음으로 아이 이름이 적힌 '사람' 책을 넘긴다.

사람 책을 읽을 때는 세 가지를 기억해야 한다. '이 책은 이럴 거야.' 미리 판단하지 않기, 책 주인에게 항상 고마워하기, 아직 끝나지 않은 이야기라는 걸 명심하기. 경수가 가르쳐 준대로, 오늘도 나는 아이들을 읽는다.

미완의 나눔

서영배

서른이 훌쩍 넘은 나이에 아이들 앞에 선다는 것은 쉬운 일이 아니다. 나이와 함께 이전의 경력이 꼬리표처럼 따라와 동료 교사들의 궁금증을 자아내기도 한다. 또한 의도하지 않은 나의 말과 행동이 나의 이전 경력과 연결 지어지기도 한다. 그래서 나는 주변을, 동료를, 선후배들을 조금 더 자세히 살펴보았다. 그러면서 내가 교사가 되어가면서 배울 수 있는 것들을 '내 것'으로 만들고자 했다. '내 것'으로 만든 것과 아직도 노력하고 있는 것들에 대해 이야기를 나누어 보고자 한다.

나는 한국의 초등 교사를 고객으로 하는 교수학습지원 사이트를 운영하는 회사에서 병역특례병으로 근무했으며, 같은 목적의 다른 회사에서도 일을 했다. 그동안 운영팀과 상품기획팀, 그룹 회장 직속팀 등을 거치면서 콘텐츠와 서비스 기획 및 개발, 사업 수주 등의 다양한 업무를 경험할 수 있었다.

그 경험 중, 현재 학교 현장에서도 아주 잘 활용하고 있는 것은 연수원팀과의 협업이었다. 당시 연수원팀 왕선경 대리와의 협업은 나의 직장 생활 중, 손에 꼽히는 유산이라 생각한다. 당시 매출에 대한 팀별 부담으로 협업 공식화는 쉬운 일이 아니었는데, 연수를 기획, 제작하는 과정이 협업임을 사내 최초로 공식화했다. 또한 학교 현장의 니즈 파악을 위해 다른 시각으로 보고, 다른 관점을 갖기 위해 노력했다. 그 결과, 매출에 대한 부담이 없는 학교에서 좀 더 쉽게 협업을 제안하고 실천할 수 있게 되었다.

교실이라는 특수한 공간적 상황을 생각한다면 동학년 선생님들과의 소통은 여러 가지 면에서 저경력 교사에게 큰 도움이 될 것이다. 여기서 말하는 소통은 단순한 친교가 아니라 업무적 소통, 협업까지 이어가는 것을 의미한다. 학교에서의 협업은 단순히 업무 분담을 떠나 새로운 효과를 기대해 볼 수 있다는 점에서 강조할 만하다.

두 번째, 경기도 부천에서 근무 중인 이명섭 선생님께 배운 업무포털의 공문게시판을 확인하는 습관이다. 교사들은 하루에도 몇 번씩 업무포털에 접속한다. 그중 공람으로 지정되는 공문의 대부분은 공문게시판에 게시되는 것들이며, 공문게시판을 통해 먼저 확인할 수 있다. 공문게시판을 통해 교사의 관심사나 학생들과의 활동을 쉽게 할 수 있는 점 등을 알 수 있으며, 더 나아가 교육청 정책 및 연중행사의 흐름을 파악할 수 있게 된다. 또한 생각보다 학교와 교사를 위한 많은 이벤트가 있다는 것도 함께 알 수 있다. 이명섭 선생님께서 직장을 옮긴 나에게 처음 가르쳐 주신, 공문게시판을 확인하는 습관을 많은 선생님들과도 꼭 나누고 싶다.

세 번째, 학생들에게 교실 청소를 시키지 않는 선배 선생님이 있었다. 물론 개인 자리 청소나 담임 선생님의 결정 밖인 특별구역의 청소를 제외한, 교실의 바닥 청소를 의미한다. 당시 교직 초보인 나에겐 충격이었다. 하지만 이유는 명확했다. 자녀를 키우는 부모의 마음과 이미 학교에서 너무 많은 청소를 경험하고 있지 않은가라는 생각에서 비롯한 일이었다. 곰곰이 생각해 보면 그러했다. 자신의 책상과 의자 주변 청소를 매일 하는데, 교실 바닥까지 1인 1역 또는 돌아가면서 청소를 한다는 게 얼마나 교육적 효과가 있을까 생각해 보게 되었다.

그리하여 방과후, 교실 바닥을 청소하는 습관을 '내 것'으로 만들고 있는 중이다. 아직 완전히 '내 것'이 되지 않아 매일은 힘들다. 그럼에도 불구하고 공감하는 선생님들께는 권장하고 싶다. 물론 다른 생각이 공존할 수 있음을 전제하며.

네 번째, 아직까지 나도 많은 노력을 기울이는 높임말 사용이다. 지금까지 학생들에게 높임말을 사용하는 동학년 선생님을 두 분 보았다. 그리고 사용 효과에 대해서 많은 생각을 하게 되었다. 생각 끝에 나도 실천해 보고자 처음에는 흉내 수준, 이듬해부터는 기간을 정해서 아이들과 함께 사용해 보았다. 화를 낼 일도 부드럽게 이야기하는 엄청난 효과를 경험하면서 특히 3월 동안 한정적으로 활용하고 있다. 즉, 아직 온전히 '내 것'이 아니라는 것이다. 하지만 사람을 대할 때, 학생을 하나의 인격체로 대하기 위한 가장 쉬운 방법임을 생각하며 많은 분들과 함께 실천해 보고 싶다. 나는 키도 크고 덩치도 있어 학생들이 손발이 오그라든다는 표현으로 답할 때가 많지만, 학생들에게 따로 의견을 들어 보면 정작 싫어하는 경우는 거의 없었다. 존중 받는 느낌을 가까이서 실천할 수 있음을 깨닫게 되었다.

다섯 번째, 교과서가 아니라 교육과정을 보는 것이다. 좀 더 정확히는 성취기준일 것이다. 2015학년도에 함께 한 동학년 선생님들을 통해 교과서가 아니라 교육과정이 중심이며, 그 중심을 파악하고 있어야 하는 것을 체험을 통해 배웠다. 하지만 학년 부장이 아니라는 변명으로 여전히 멀게 느껴지는 부분이다. 하지만 조금씩 변화해 가는 나를 보면서 놀랄 때가 있다. 교사의 전문성을 이야기할 때 꼭 포함되는 부분 중에 하나이기도 한 교육과정. 이를 존재로만 두는 것이 아니라, 바라보고 구성하고 바꿔 가며 가까이 할 것을 감히 권해 본다.

이제 6년 차인 내가 나와 비슷한 경력을 가진 교사들에게 나누고 싶은 이야기를 풀어 보았다. 학급경영, 교육평가, 교육에 대한 가치관 등이 아니라 선배 교사들에게 직접 듣고 지금까지 잊지 않고 실천해 오고 있으며, '내 것'으로 만들기 위해 노력을 기울이고 있는 것들을 중심으로 말이다. 누군가에게는 모두 아는 이야기일 수 있으며, 누군가는 이미 실천하고 있는 것일 수도 있다. 그렇다면 자신의 소중한 노하우를 이번 기회에 옆 반 선생님과 나누어 보는 것은 어떨까 제안을 해 본다. 생각 이상으로 많은 이야기를 기다리고 있을 옆 반 선생님의 교실 문을 두드린다면 어떨까?

어벤져스 군단

이재은

"내가 일 많이 시킨다고 자기가 소문내고 다녔어?"

퇴근 후 걸려 온 부장님 전화가 평안한 내 저녁을 흔들었다. 다른 선생님들이 신규에게 일을 너무 많이 시키는 게 아니냐고 했다는 거다. 부장님은 앞으로 신규는 학급 관리나 잘하라고 씩씩대며 전화를 끊으셨다. 내 이름은 그저 '신규'였다. 속사포처럼 따지시는 부장님께 나는 한마디도 하지 못했다. 나 혼자만 그런 줄 알았다. 그런데 아니었다.

"우리 모여서 저녁 먹어요!"

어느 날 막내가 모임을 열었다. 큰 학교라 매년 신규 선생님들이

2명씩 왔다. 이 학교에 첫 발령을 받은 신규는 일반 담임, 보건, 사서, 상담, 특수 선생님까지 총 8명이었다. 다들 바쁜 탓에 언제 한번 보자고 인사치레만 했는데, 첫인사부터 통통 튀던 막내가 먼저 연락한 것이다. 처음으로 신규들이 다 모였다. 그동안 어떻게 참았을까? 다들 또래들이라 공감대가 비슷했다. 소개팅 이야기, 학교에서 실수한 이야기, 새로 시작한 드라마 이야기. 수다가 끊이지 않았다.

이야기는 채팅방으로 이어졌다. 한 명이 부장님께 한소리 들은 이야기를 꺼내면 모두 편을 들어 주며 위로해 주었다.

"괜찮아, 그럴 수 있지. 부장님 너무 했다."

한마디에 마음이 풀렸다. 필요한 물건이 있어 물어보면 여기저기서 도움의 손길이 왔다. 업무 기안을 올리다 막힐 땐 서로 끙끙대며 머리를 맞댔다. 한 명 한 명은 어리바리 신규들이었지만, 모이면 어벤져스 군단이 따로 없었다.

어벤져스 군단은 위기에 빛을 발하지 않던가? 보수적인 학교 분위기 탓에 경력이 많으신 선생님들께서 무리한 부탁을 하실 때가 있었다. 한번은 부장님께서 우리를 불러 돈을 주시며 물건을 대신 사 와 달라고 하셨다. 값비싼 물건이라 혹시나 파손될까 걱정이었다. 다들

이걸 어쩌지 생각만 하다 거절하지 못했다.

"우리 다 같이 못 한다고 하자."

우리 중 그나마 경력이 제일 많은 내가 총대를 멨다. 그러자 공감의 달인 선생님도 부장님 기분이 상하시지 않게 거절해 보자고 맞장구쳐 주었다. 그러자 우리 모임의 숨은 실세 선생님도 자리를 박차고 일어나 말할 거면 지금 당장 가자고 했다. 역시 조용한 카리스마가 멋있는 선생님이다. 우리는 함께 용기 내어 돈을 돌려 드렸다. 뒤통수가 뜨거웠지만, 마음은 가벼웠다. 우리가 함께할 때 용기가 생겼다.

교사 동아리를 만들었다. 내가 회장이 되어 미술 동아리를 모집했다. 동아리원은 당연히 신규 선생님들이었다. 매주 화요일의 동아리 활동은 단비 같았다. 학교에서 유일하게 눈치 보지 않고 마음 터놓을 수 있는 시간이었다. 우리는 명화도 함께 그리고, 방향제나 디퓨저도 함께 만들며 많은 이야기를 나눴다. 선생님들과 함께하며 직장 생활의 재미를 알았고, 좋은 사람들이 내 곁에 있어 감사했다.

우리 이야기의 끝은 언제나 학생이었다. 반에 힘든 아이가 있다고 말하면 다 같이 고민해 주었다. 다양한 분야의 선생님들이 있었기에 실질적인 도움도 얻을 수 있었다. 상담 선생님은 충분히 내 마음을 이해해 주며 아이 상담하는 노하우를 공유해 주었고, 보건 선생님은 아이가 보건실에 오면 따뜻한 말이라도 건네주겠다고 했다. 학교에서 유일한 동갑인 사서 선생님은 아이에게 도움이 될 만한 책을 조곤조곤 추천해 주었다. 혼자 속앓이하는 것보다 훨씬 나았다. 마음이 든든했다. 서로 힘을 합하니 못할 일이 없었다.

학교를 떠날 시간이 되었다. 4년 전엔 빨리 다른 학교로 가고 싶었다. 신규라고 불리며 주목 받는 게 싫었다. 막상 떠날 때가 되니 계속 이 학교에 머물며 평생 신규로 남고 싶었다. 이제야 겨우 학교생활이 즐거워졌는데, 아쉬웠다. 학교를 옮기면 어색해지겠지? 같은 나이 또래에 같은 고민을 하는 동료들을 또 만날 수 있을까? 서글픈 마음을 남긴 채 학교를 옮겼다.

카톡. 우리 채팅방은 여전히 활발하다. 올해 발령 난 신규 2명도 채팅방에 초대됐다. 어벤져스 군단에 멤버가 충원되어 더 막강해졌다. 우리 어벤져스들은 나날이 성장하며 각자의 자리에서 히어로가 되어 가고 있다. 학교를 옮겼지만 한번 신규는 영원한 신규라며 여전히 나를 챙긴다. 나는 아직도 학교에서 무슨 일이 생기면 이 채팅방에 먼저 도움을 청하곤 한다. 서로의 상황을 제일 잘 이해해 주고, 아낌없이

공감해 주기 때문이다. 신규라는 이름 아래 친해진 우리들. 10년, 20년
이 지나도 교직 생활에 든든한 어벤져스 군단으로 힘이 되었으면 좋
겠다.

PART .3

가을

네 잘못이 아니야!

이재은

"선생님, 우리 엄마 해 주세요. 나 선생님 딸 할래요."

갑자기 채린이가 수업 중에 나오더니 나에게 폭 안기며 말했다. 체구가 작아 누가 보면 저학년인 줄 아는 우리 채린이. 아이의 머리를 쓰다듬어 주며 알겠다고 했다. 채린이와 만난 그날이 생각난다.

새로운 학년, 업무 발표 날은 교사들이 가장 긴장하는 날이다. 1년의 학교생활이 결정되기 때문이다. 나는 5학년과 이전에 하던 방송 업무를 맡게 되었다. 학년 연구실에서 새로운 선생님들과 인사를 나누고, 가장 중요한 반 배정을 했다. 이번 5학년에는 정말 힘든 아이가 있어 모든 선생님이 맡기를 꺼렸다. 나는 학년에서 힘들다고 소문난 학생을 줄곧 맡아 왔기에 불안했지만, 선택지가 6개나 있는데 설마 했다. 떨리는 마음으로 하나를 골랐다.

'… 우리 반이다!'
손이 덜덜 떨렸다. 눈을 비비고 이름을 보고 또 봤다. 김채린, 우리 반이 확실하다. 작년 선생님께서 아이에 대해 적어 놓으신 내용이 내 가슴에 하나씩 꽂혔다. 혹시나 바꿔 주실까 하는 기대감에 최대한 불쌍한 눈빛으로 선생님들을 쳐다봤지만, 다들 눈을 피하셨다. 무슨 일 있으면 도와주겠다는 말씀뿐이었다. 많이들 도와주시라고 말하며 옅은 미소를 지었지만, 웃는 게 웃는 게 아니었다. 다리에 힘이 풀려 주저앉고 싶었다. 짧은 교직 인생에 닥친 최대의 시련이었다.

도움을 얻고자 채린이의 작년 담임선생님을 찾아갔다. 학교에서 인품 좋고, 아이들을 사랑으로 지도하시기로 유명한 분이셨다. 선생님은 손사래를 치셨다.
"말도 마. 내가 걔 때문에 올해 담임을 안 맡았잖아."
선생님은 채린이와 매일 전쟁을 치렀다고 하셨다. 스트레스가 너무 심해 하루에도 몇 번씩 휴직을 생각했다고 하셨다. 아직도 아이가 꿈에 나와 자기를 괴롭힌다며, 학교에서 얼굴도 마주치고 싶지 않다고 하셨다. 선생님은 채린이가 젊은 여선생님 말씀은 더욱 안 들으려 할 거라며 걱정하셨다. 김채린, 너는 대체 어떤 아이니? 3월 2일, 새 학기가 두려웠다.

소문대로였다. 나의 말 한마디 한마디에 말대꾸하는 건 기본이었다. 그만하라 하면 경찰 부를 거라고 고래고래 소리 지르며 욕을 해 댔다. 화가 끝까지 나면 나를 깨물고 때리기도 했다. 수업 시간마다 책상을 뒤집어 책상 밑에 붙은 먼지를 손으로 뜯어냈다. 고집이 세서 말려도 소용없었다. 쓰레기통을 뒤져 색종이와 온갖 반짝이는 비닐, 포장지 등을 찾아내 오리고, 붙이고…. 친구들 물건도 자주 훔쳤다. 수업 진행이 안 되는 건 물론, 학부모님들의 민원도 폭주했다.

매일 살얼음판을 걷는 기분이었다. 출근이 두려웠고 조마조마했다. 내 손과 눈을 탓하며, 왜 이 반을 골랐지 자책했다. 원망할 사람은 오직 나뿐이라는 걸 아는데, 괜히 먼저 뽑으라고 기회를 준 학년 선생님들도 미웠다. 부모님은 네가 그 아이를 품을 만하니 맡게 된 거라고 일 년 동안 사랑으로 감싸 주라고 하셨다. 부모님은 내 속도 모르고 저런 이야기를 하신다고 입을 삐죽거렸다. 순탄히 1년이 지나가기만 바랐다.

"채린이 담임 선생님이여? 우리 채린이 맡아 줘서 참 고마워."

학부모 상담 주간이었다. 채린이 할머니가 학교로 오셨다. 내 손을 꼭 잡으시더니 채린이를 맡아 주어 고맙다며 인사하셨다. 할머니는 칠순 넘어 혼자 손녀를 돌보시느라 많이 지쳐 보였다. 할머니는 채린이가 불쌍하다고 했다. 부모님께서 채린이 곁을 떠나, 사랑 받지 못한 채린이는 지금처럼 막무가내로 행동하게 되었다고 하셨다. 마음이 아렸다. 아이의 잘못이 아니었다. 오히려 아이는 피해자였다.

어느 쉬는 시간이었다. 채린이가 색종이를 내밀었다. 쓰레기통 또 뒤졌냐며 야단치려 했는데, 색종이를 보니 글과 그림이 있었다. 삐뚤삐뚤하지만 '선생님 예뻐요. 선생님 사랑해요.'가 적혀 있었고, 원피스를 입은 여자 그림 밑에 조그맣게 쓰인 '선생님'이라는 글자가 눈에 들어왔다. 이게 뭐냐고 물어보니, 선생님께 드리는 선물이란다. 그리고 나에게 안기며 자기를 예뻐해 달라고 말했다. 아이를 버거워하는 내 마음을 느낀 걸까? 예뻐해 달라는 말 한마디가 가슴을 쿡 아프게 찔렀다.

이후 채린이는 조금씩 반에 적응해 나갔다. 친구를 사귀고 싶어 하는 채린이를 위해 학급 비밀 친구 활동을 기획했다. 일주일 동안 친구의 수호천사 활동을 하며, 채린이는 받는 사랑의 설렘, 주는 사랑의 행복을 느꼈다. 또 학예회 때 처음으로 개인 코너를 맡게 되었다. 친구와 함께 난센스 퀴즈를 진행했는데, 특유의 익살스러운 말투로 친구들과 학부모님들을 배꼽 잡게 했다.

길고 긴 1년이 지났다. 사랑하기로 마음먹으면 아이는 내 품을 벗어나려 했다. 눈물을 삼키며 그럴 때마다 채린이를 더 꽉 안아 주었다. 채린이는 6학년이 돼서도 나를 마주치면 반갑게 달려와 안겼다.

"선생님, 더 예뻐지셨어요."

검은 눈을 반짝이며 환하게 웃으며 이야기했다. 키는 더 컸고 살도 통통히 올랐다. 그렇게 초등학교를 졸업했다.

채린이는 잘 지내고 있을까? 사랑으로 품어 주겠노라 다짐했지만 쉽지 않았다. 아이에 대한 부정적 편견이 늘 마음속에 있었다. 사소한 문제 행동들은 애정으로 감싸 줄 수 있었는데, 한숨을 푹 내쉬며 다그치기 바빴다. 사랑이 부족한 나였다. 다시 채린이를 만난다면 아이 마음 깊은 곳까지 안아 주고 싶다. '네 잘못이 아니야.'라고 꼭 말해 주고 싶다. 채린이가 '선생님 우리 엄마 해 주세요.'라고 말하며 안기던 그 순간이 그립다.

조금 더 오래
머물다 가렴

김상미

6학년 2반 담임으로 배정된 날, 같은 학년 선생님들과 학습 도움반 홍주를 어느 반에 배치할지 의논했다. 근이영양증을 앓고 있는 홍주가 가끔 급식실 앞에서 천천히 걷다가 쉬다가 하던 모습을 본 적이 있었다. 엘리베이터와 화장실이 가까운 교실 조건을 보면 내가 담임하는 것이 옳았다. '일 년을 안전하고 건강하게 잘 보내야 할 텐데….' 만나기도 전에 걱정이 앞섰다.

첫 만남부터 쉽지 않았다. 지하 주차장에서 5층까지 엘리베이터를 타고 올라오더라도, 30m나 되는 복도를 지나 교실까지 걸어오는 일은 홍주에게 큰 산이었다. 활동 보조 선생님의 도움을 받으면서도 20분

이상 걸렸다. 보행을 돕는 핸드레일 설치나 휠체어 사용을 조심스레 건의해 보았으나, 근육이 굳는 정도를 늦추려면 스스로 걸어야 한다는 학부모님의 의견으로 무마되었다. 몇 걸음 걷다 잘못 디뎌 주저앉으면 한 시간 넘게 복도에 있을 때도 있었다. 화장실이 급할 때는 활동 보조 선생님이 안고 이동시키기도 했다.

3월 어느 날 아침, 엘리베이터 앞에서 만난 홍주와 반갑게 인사하고 교실에 들어오기를 기다리고 있었다. 1교시 수업이 거의 끝나 가는데 들어오지 않았다. 걱정스러운 마음에 아이들이 활동하는 동안 복도로 나가 보았다. 홍주는 화장실 앞 복도에 앉아 있었다. 화장실을 들렀다 가려는데 순식간에 뒤로 넘어져 머리를 바닥에 부딪쳤단다. 활동 보조 선생님이 손쓸 겨를도 없이 일어난 일이었다. 홍주 머리에 혹이 나 있었다. 얼마나 아팠을까? 결국 교실에는 들어오지 못했다.

홍주가 의자에 앉고 일어서는 일은 담임인 나에게도 버거웠다. 다른 아이들보다 왜소하지만, 몸에 힘이 풀려 주저앉아 버리면 일으켜 세우는 것이 정말 힘들었다. 내 힘으로는 감당할 수 없어서 활동 보조 선생님이 계시지 않으면 불안했다. 홍주도 6교시까지 버티기가 힘들었을 것이다. 수업 시간에 바르게 앉기가 어렵고, 쉬는 시간에도 앉아서 노는 것만 가능하니 말이다.

사춘기 아이들 스물네 명과 함께 지내면서 홍주만 신경 쓸 수는 없었다. 학습 도움반 선생님, 학부모님과 의논 끝에 홍주는 4월부터 점심시간 후 조퇴하여 재활 치료에 집중하기로 했다. 오전 수업만 하고 일찍 헤어지는 상황이 되니 홍주를 살뜰히 살피지 않아도 되었다. 그저 점심시간에 학습 도움반에 들러 잠깐 인사하면 그만이었다. 크고 작은 학교 일들에 묻혀 그렇게 홍주를 잊었다.

홍주가 없는 교실에 익숙해진 5월 중순, 내 골반에 통증이 생겼다. 운동을 과하게 한 것이 화근이었다. 병원 치료를 받았지만, 다리를 살짝 움직이기만 해도 눈물이 날 정도로 아팠다. 병가까지 생각하다 다른 병원에서 맞은 주사 한 대에 통증이 사라졌다. 아픔이 사라지고 나니 모든 것이 감사했다. 문득 홍주가 생각났다. 걷는 일이 고역인 홍주가 얼마나 큰 어려움을 겪고 있겠는가? 내가 느낀 답답함과 무력감은 비록 2주 동안이었지만, 홍주는 평생 겪어 내야 할 고통이다. 이걸 깨달으려고 내가 아팠나 보다 생각했다. 감히 상상하기 어려운 홍주의 마음이 한꺼번에 다가왔다.

여름방학 동안 부쩍 큰 홍주는 걷기가 더 힘들어 보였다. 근육의 힘은 점점 떨어지는데 몸무게가 늘어, 중심을 잡고 다리를 옮기는 일이 더 어려워진 것이다. 5층 교실에 올라오는 것 자체가 불가능해 결국 1층에서만 생활하게 되었다. 점심을 먹자마자 학습 도움반에 들르는 일과를 반복하며 홍주를 바라보는 마음은 더 애틋해졌다. 서로의 오전 생활을 공유하고 함께 보드 게임을 하는 시간은 짧았지만, 나에게는 데이트였다.

이듬해 2월, 졸업식 영상을 찍기 위해 홍주가 휠체어를 타고 교실로 올라왔다. 오랜만에 오게 된 교실을 어색해한 것도 잠시, 친구들과 이런저런 이야기를 나누며 옅은 미소를 짓는다. 중학교 학습 도움반 선생님 성함이 나와 같단다. "김상미 선생님하고 또 만나요." 하며 장난스럽게 웃는 모습이 사랑스럽다. 졸업식 당일, 홍주가 졸업장을 받는 그 빛나는 순간을 사진 찍으면서 나는 가슴으로 울었다. 부디 오랫동안 건강하게 살아 달라고, 이 세상에서 행복하게 더 오래 머무르다 가면 좋겠다고 말이다.

교실을 엿보다_ 가을

너는 나의 별이었다

유힘찬

"미안하네! 유 선생."

초임 발령 때 교감 선생님께서 하신 첫인사다. 의아함과 함께 왠지 모를 두려움이 엄습했다. 그 후 다소 젊어 보이는 교무 부장님이 나를 데리고 관사로 갔다.

"담배 피워?" 내게 담배를 권하시며 이야기를 시작했다.

"선생님 반에 굉장히 힘든 아이가 있어. ADHD를 앓고 있는데 공격적 성향이 무척 심해. 학습 진도 같은 것보다 아이들 다치지 않게 안전하게만 교실을 운영해 줘. 신규발령 받은 후배 교사에게 가혹한 일을 맡겨서, 학교를 대표해서 사과할게."

교무 부장님의 눈빛은 진심으로 미안한 마음을 담고 있었다.

"괜찮겠죠, 뭐."

딱히 할 말을 찾지 못해 쿨한 척 웃음으로 대답했다.

집에 돌아와서 어머니께 이야기를 전했다. 어머니는 큰 한숨을 쉬시며,

"제발 그 학교만 걸리지 않기를 바랐는데⋯. 혹시나 그 학교에 발령 나더라도, 3학년만큼은 아니길 기도했었는데⋯."라고 말씀하셨다.

이유인즉슨, 어머니와 같이 근무하는 동료 직원의 자녀가 학교에서 말한 유명한 아이라는 것이다. 어머니는 박서진(가명)의 어릴 적 과잉행동을 옆에서 더러 봤던 터라 걱정이 크셨다. 게다가 동료 직원도 어머니의 속을 꽤 썩게 만드는 사람이었다. 상황을 전해 들은 아버지는 "우리가 전생에 그 집안에 큰 죄를 지었나 보네."라고 하시며, 안쓰러운 감정을 숨기지 못하셨다.

드디어 월요일 출근 날이 되었다. 서진이에 대한 걱정보다 첫 제자에 대한 기대와 설렘이 더 큰 아침이었다. 7시 30분쯤 학교에 도착해 아이들 이름을 외우며 수업을 준비했다. 처음 보는 아이들과 어색한 인사를 나누던 중 키가 큰 여자아이 한 명이 들어왔다. 눈빛이 좀

특이한 아이였다. 초등학생에게서 보기 힘든 탁한 눈동자였다. 혹시나 하는 마음에 인사하면서 이름을 물어봤다.

"저요? 박서진인데요? 우리 엄마가 선생님 알고 있어요."

나는 짐짓 모른척하며 다른 아이들과 똑같이 대했다.

11시 10분쯤이었다. 갑자기 서진이가 자리에서 일어나 뒤에 앉아 있는 아이를 발로 찼다. 급하게 서진이의 양 손목을 붙잡고 제지하려고 애썼다. 서진이는 말리는 내가 미웠는지 내게 온갖 욕설을 하면서 발로 내 몸을 차고, 손목을 깨물려고 했다. 30분 정도가 지나서야 진정되는 기미가 보였다. 손을 놓고 왜 그랬는지 물어봤다.

"저 개 xx가 저보고 바이러스래요! 죽여 버릴 거예요!"

갑자기 연필을 손에 쥔 채 그 아이를 향해 뛰어갔다. 깜짝 놀란 나는 서진이를 따라가 제압하려고 했다. 그 순간 서진이는 연필을 내게로 휘둘렀다. 날카로운 연필이 가슴에 꽂혔다. 아프기보단 황당했다. 평생의 교직 생활 중 가장 기억에 남는 첫 출근 날이 엉망진창이 된 기분이었다.

수업이 끝난 후 조퇴를 달고 나왔다. 썰렁한 집만큼이나 마음도 썰렁했다. 앞으로 이 난국을 어떻게 헤쳐 나아가야 할지 감이 잡히

질 않았다. 침대에 누워 머리를 부여잡고 고민하던 중 예전에 방영한 TV 프로그램이 생각났다. "우리 아이가 달라졌어요."였다. 급하게 내려받아 1편부터 정주행을 했다. 서진이와 비슷한 아이들이 많이 나왔다. 그리고 그 행동을 어떻게 조절하고 제어하는지 전문가들이 조언해 줬다. 밤을 새워 인터넷 강의를 듣는 기분으로 열심히 공부했다. '고3 때도 이렇게 열심히 하진 않았는데…' 하는 쓸데없는 생각이 들기도 했다.

어두컴컴했던 밤이 가고 걱정스러운 아침 해가 밝았다. 밤새워 공부했던 것은 단순한 자기 위로였다는 생각이 들었다. 걱정스러운 마음으로 학교로 향했다. 기우였을까? 생각보다 조용한 서진이의 모습에 안심한 나는 열심히 수업했다. 그러던 중 10시 50분 정도가 되자 다시 서진이가 폭발했다. 이유는 모르겠지만 어제만큼이나 큰 난동을 부렸다. 어제는 힘으로 제압하는 것에만 급급했다면 오늘은 거기에 한 가지를 더 추가했다. 눈을 마주치고 끊임없이 "괜찮아, 괜찮아." 하고 다독이는 것이다. 방법을 추가했다고 쉽게 변할 리 만무했다. 오히려 침을 뱉고 머리로 내 얼굴을 박으려 했다. 그래도 포기하지 않고 시도했다. 서진이가 진정된 후 따로 불러 상담을 했다.

"서진아, 선생님은 앞으로 서진이가 폭력적으로 변할 때마다 오늘

같이 행동할 거야. 그리고 서진이 마음이 진정되면 선생님은 서진이와 꼭 안으면서 서로 '사랑합니다.' 하고 인사하고 싶어."

서진이는 나의 태도에 어색한 반응을 보였다. 아마 안으면서 사랑한다고 인사하는 것이 낯설기 때문일 것이다.

한 달 넘게 매일 사투를 벌였다. 서진이는 10시 30분에서 11시 30분 사이에 항상 난동을 부렸다. 책상을 문 밖으로 던지기도 했고, 남자아이들과 끊임없이 싸웠다. 자기가 좋아하는 남자친구에게 말을 거는 여자아이는 응징의 대상이었다. 그래도 다행인 것은 진정되는 데 걸리는 시간과 폭력성이 줄어들고 있다는 점이다. 거기에서 나름의 위안을 얻었다. 쥐꼬리만한 변화라도 감지덕지한 마음이었다.

화창한 어느 날이었다. 반 아이들이 영어전담실로 이동수업을 갔다. 여유로운 태도로 의자에 맘껏 기대어 쉬고 있었다. 갑자기 학급 반장 준석이가 허겁지겁 달려왔다.

"선생님 큰일 났어요! 서진이 싸워요!"

아뿔싸! 너무 방심했다는 생각이 들었다. 급하게 뛰어가서 영어교실 문을 열었다. 책상과 의자가 이리저리 쓰러져 있었다. 그 가운데 서진이가 누군가의 머리채를 붙잡고 뒹굴고 있었다. 영어실 옆 반 1학년 선생님이 최선을 다해 말리고 있었지만 역부족이었다. 나는 서진이의 이름을 부르며 말리던 중, 머리채가 잡혀 있던 누군가의 얼굴을 확인하고 경악했다. 영어 선생님이었다. 머리카락이 뽑힌 채 눈물로 범벅이 된 선생님의 모습은 처참했다. 서진이는 여전히 욕설하며 폭력을 휘둘렀다.

"저 xx가 나를 무시했어요. 죽여 버릴 거예요."

나는 서진이를 꼭 껴안고 끊임없이 말했다.

"서진아 괜찮아. 괜찮아. 화 많이 났구나. 괜찮아. 괜찮아."

서진이는 분을 못 이겨 내 품에서도 계속 난동을 부렸다.

5분이 지나서야 서진이가 진정됐다. 우선 서진이 부모님을 학교로 오게 했다. 부모님에게 상황을 설명한 후 서진이를 집으로 돌려보냈다. 그 후 영어 선생님을 찾아갔다. 영어 선생님은 아직도 진정이 되지 않는지 울고 계셨다. 나를 보자마자,

"선생님. 저 선생님 반 수업 못 들어가겠어요. 너무 무섭고 자존심 상해요. 서진이라도 선생님이 교실에서 데리고 있으면 안 될까요?"라고 하셨다.

그저 죄송하다는 말과 함께 그렇게 하자고 했다. 착잡한 마음이었다. 그래도 조금씩 좋아지고 있어 다행이라고 생각했는데, 그건 나의 착

각이었다. 실망한 마음을 감출 수 없었다.

소식을 들은 동료 선생님들이 나를 위로하는 술자리를 추진하셨다. 사실 심적으로 피곤해서 가고 싶지 않았지만, 나를 위한 자리에 빠질 순 없었다. 위로의 말이 술잔에 담겨 왔다. 얼굴이 달아오를 때쯤 한 선생님이 내게 잊을 수 없는 말을 했다.

"선생님은 대단한 것 같아. 어떻게 서진이를 그렇게 빨리 진정시킬 수 있어? 아까 들었는데 난리가 났다면서? 다른 선생님이 아무리 말려도 안 되던 애를 도착하자마자 진정시켰다면서?"

얼굴이 화끈거렸다. 술기운으로 인해 얼굴이 붉어져 있어 다행이었다. 대단한 일 따위 한 적도 없고, 아직도 힘에 겨워 하루하루 겨우 버티고 있는 나였다. 그래도 기분은 좋았다. 인정받는 기분이 들어서.

집으로 돌아와 샤워하면서 생각에 잠겼다. 어떻게 하면 서진이를 변화시킬 수 있을까? 서진이와 다른 아이들이 함께 어울릴 수 있는 학급경영은 어떻게 해야 할까? 끝없이 고민했다. 그때부터 나의 교직관이 점차 변하기 시작했다. 나는 선생님이 되기 전까지 무엇인가 열심히 하며 살아본 기억이 거의 없다. 유일하게 대학교 때 했던 배구 동아리 정도? 항상 대충대충 하는 습관을 가진 채 살았다. 최선을 다하기보다는 흘러가는 대로 내버려 뒀다. 하지만 서진이를 맡게 된 것이, 그리고 동료 선생님의 칭찬이 나를 변화시킨 계기가 됐다.

그 후에도 여전히 서진이와의 생활은 쉽지 않았다. 하지만 보다 능동적인 태도로 문제를 해결하려 노력했다. 그뿐만 아니라 끈질긴 노력으로 인해 서진이도 점차 아이들과 어울리는 것을 배워 갔다. 다른 아이들 또한 서진이를 이해해 주려고 노력했다. 서진이가 잘못하거나 화를 낼 때, 아이들이 먼저 서진이를 "괜찮아. 괜찮아." 하고 진정시키기도 했다.

특히 처음으로 무사히 놀이 활동을 끝마쳤을 때가 기억난다. 보통은 아무도 서진이와 같은 편을 하지 않으려 했다. 자기 마음대로 하려고 하는 서진이가 힘들기 때문이다. 하지만 친구들은 서진이의 고집을 다독여 가면서 어떻게든 함께 하려고 했다. 컵 쌓기 대항전에서 그 모습을 끊임없이 칭찬하고 서진이를 달래며 처음으로 놀이 활동이 무사히 끝났을 때 보람을 느꼈다. 같은 편이었던 친구들도 환호성을 지르며 기쁨을 토해 냈다. 우리는 모두 그렇게 조금씩 성장했다.

지금도 가끔 서진이의 소식을 듣는다. 여전히 문제행동을 하지만 예전보다는 조금 더 나아진 것 같다. 서진이의 부모님은 아직도 내게 감사를 표하신다. 나 또한 진심으로 감사를 표한다. 서진이가 나의 제자였기 때문에 교사로서 성장할 토대가 마련되었다고 말이다. 만약 서진이를 만나지 못했다면, 난 그저 그런 교사였을 것이다. 다소 특이한 아이를 만난 것이 오히려 내겐 전화위복이었다. 아직도 많이 부족한 교사이지만 열심히 노력하고 있다. 북극성처럼 나의 길을 끊임없이 밝혀 주는 제자 서진이가 진심으로 고맙다.

묘목 한 그루

이현아

비가 갠 봄날, 아빠와 등산을 갔다. 흙먼지가 씻긴 숲에선 신선한 풀냄새가 났다. 촉촉한 공기로 가슴을 채우면 기분이 산뜻해졌다. 나는 종달새처럼 종알거리면서 폴짝폴짝 산을 탔다. 걸을 때마다 발바닥 아래로 폭신한 흙의 촉감이 느껴졌다. 아빠는 어린 내게 보여 주고 싶은 것이 많았다. 이건 산수유, 이건 자귀, 이건 상수리…. 내 눈에는 다 비슷해 보이는 이파리도 아빠 눈에는 하나하나 다른 이름을 가진 잎이었다.

"딱 이 정도 나무면 좋겠는데 말이야."

아빠의 발길이 멈춘 곳에 아담한 나무 한 그루가 있다. 나무는 볕이 내려앉은 자리에서 연두색 새순을 피워 냈다.

"이건 무슨 나무야?"

무심코 던진 질문에 아빠는 나무 이름 대신 죽음을 이야기했다.

"거추장스러운 묘지는 하지 않았으면 좋겠고, 이렇게 작은 나무 한 그루면 충분하겠다. 그저 가끔 아빠 생각이 날 때 들여다볼 게 하나 있으면 좋잖아. 기왕에 자라는 생명이면 더욱 좋고….."

아빠는 종종 죽음에 대해 이야기했다. 비교적 이른 나이에 당뇨를 앓게 되면서부터였다. 아빠는 건강을 잃었지만 삶과 죽음에 대해 일찍부터 생각해 볼 기회를 얻으셨다. 아빠가 들려주는 죽음은 무겁지도 않고 절망적이지도 않았다. 마치 계절이 지나면 두꺼운 옷과 이불을 꺼내는 것처럼, 그렇게 담담하고 자연스러웠다.

다행히도 당뇨는 관리가 가능한 질병이었다. 당뇨를 다스리면서 아빠의 삶은 단순하고 담백해졌다. 소박한 식단, 술과 담배가 전혀 없는 일상, 규칙적인 운동, 매일 저녁의 기도가 전부다. 기름기를 쫙 빼내고 본질에만 초점을 맞춘 삶을 살면서 아빠의 얼굴빛은 날로 맑아졌다. 비록 살은 조금씩 빠졌지만 말이다.

아빠는 언제나 가을날 노을빛처럼 은은한 태도로 삶을 대했다.

뜨겁게 타올랐던 젊은 날의 아빠도 분명 존재했을 텐데, 내가 기억하는 아빠는 줄곧 따뜻한 노을빛이었다. 아빠는 늘 자신에게 허락된 날이 그리 길지 않다고 생각하고 살아왔다. 그래서인지 매사에 무리하는 법이 없고, 욕심내는 법도 없다.

"아빠 아직 살 날 많이 남았어. 백 세 시대잖아."
아빠가 죽음을 이야기하면 나는 눈을 흘기면서 투덜댔다. 계절은 쌀쌀하게 흐르지만 아직 나는 긴팔 옷을 꺼내고 싶지 않다. 아빠의 초가을 안에 반팔을 입은 채 오래 머무르고 싶다.

"얼마나 좋니, 산에 어린 나무 한 그루 남겨 놓고 가는 것⋯."
내가 아빠에게서 배운 것은 <u>담백한 삶의 자세</u>다. 아빠는 삶을 부여잡지 않는다. 자신의 이름으로 된 무언가를 남기기 위해 아등바등하지도 않는다. 그저 생명을 품은 한 그루의 묘목으로 돌아가길 꿈꾼다.

해마다 봄이면 아빠가 보여 주었던 그 연둣빛 어린 나무가 생각난다. 매일 산을 오르며 이 나무, 저 나무 눈여겨보았을 아빠의 눈길을 헤아려 보게 된다. 아빠는 그 나무에게 뿌려질 자신의 뼛가루를 자주 떠올렸을 것이다. 죽음 앞에서 삶을 정면으로 마주하는 담담하고 단단한 시간이었을 거라 생각한다.

나는 부모님이 나란히 앉아 기도하는 뒷모습을 보면서 자랐다. 그 매일의 기도 안에는 소탈한 삶과 평온한 죽음이 있다. 그리고 거기엔 언제나 동생과 내가 있음을 안다. 34년간 부모님이 흘려주는 기도를 받기만 했다. 아빠를 위해 작은 나무를 심어 드릴 그날까지 이제는 내가 두 분을 위해 기도할 것이다.

내년이면 환갑을 맞는 아빠는 다행히도 건강하시다. 아빠의 남은 삶에 단풍이 만개했으면 한다. 그 은은하고 따뜻한 가을빛을 오래도록 곁에서 바라보고 싶다.

116번 버스

한지혜

'카톡.' 지인이다.

"선생님, 저 기억하세요?"

아이를 마지막으로 본 건 2년 전이다. 너무 반가운 나머지 질문을 폭풍처럼 했다. 중학교는 어떤지, 요즘 무얼 즐거워 하며 지내는지 좀 더 이야기하고 싶었다. 그러나 아이는 잘 지낸다는 짤막한 안부 몇 마디만을 전하고서 "저 기억해 주세요."라는 마지막 말로 연락을 맺었다. 지금도 여전히 너와 내가 떨어져 있는 거리는 이만큼이구나.

아침 출근길마다 116번 버스를 탔다. 매일 젖은 머리를 못다 말린 채 버스에 올랐다. 맨 뒷줄 구석에 있는 자리에 앉아 꾸벅꾸벅 졸기

일쑤였다. 출근 거리가 멀어 고달팠다. 학교 앞 버스 정류장에 제대로 내리지 못하고 다음 정류장에 내리는 실수를 자주 반복했다. 하루의 시작은 항상 되풀이되는 빈틈으로 버거웠다.

그러던 어느 날, 버스에서 지인이를 봤다. 당시 반 학생 중 가장 말수가 없는 조용한 학생이었다. 눈에 띄는 말이나 행동을 하지 않는 손이 가지 않는 아이였다. 그러다 보니 오랫동안 길게 눈길을 주지 않았다. 그저 수많은 학생 중 한 명일 뿐이었다. 유달리 마음을 주고받을 특별한 일이 없었다.

그날 이후 지인이를 버스에서 일주일 5번 중 3번은 만났다.
"지인아, 안녕?" 항상 내가 먼저 인사했다.
이어지는 대화는 짧았다. 정류장에서 내리면 학교까지 긴 언덕이 있다. 언덕을 오를 때면 내가 다섯 걸음 앞에 가고 지인이는 뒤따랐다. 버스에서 같이 내리면 지인이는 내가 먼저 걸어가길 기다리며 한참을 멈추었다. 한 학기 동안 매일 아침을 함께했다. 학기 말까지 우리에겐 다섯 걸음 정도로 일정 거리가 있었다. 몸도 마음도.

"지인이가 선생님 만나려고 일찍 나가요."

몰랐다. 버스 안에서 지인이 언니를 만났다. 언니는 생각과 감정 표현이 자유로웠다. 아침마다 지인이가 나를 만나려고 먼저 집에서 나온다는 사실을 말하며 서운함을 나타냈다. 나를 만나기 위한 아이의 노력이었음을 그제야 알았다. 버스에서 매번 마주쳤던 이유는 그저 학교 도착 시각이 비슷해서인 줄 알았다. 긴 언덕길을 함께 오르는 시간은 괜한 어색함뿐인 줄 알았다.

언니 옆 지인이 얼굴을 봤다. 무표정이었다. 그 속에 감추고 있는 마음을 들여다보지 못했다. 지인이는 자기만의 방법으로 애정과 사랑을 표현했다. 겉으로 나타내길 좋아하는 여느 아이들과 방법이 좀 달랐다. 나는 주로 직접 듣고 볼 수 있는 말과 행동으로 마음을 알았고 그에 반응했다. 그래서 누구보다 더욱 간절히, 온 힘을 다해 다른 방법으로 마음을 표현하는 아이의 진심을 알아차리지 못했다.

돌이켜 보면 지인이를 만나기 시작한 후 나도 변했다. 내려야 할 정류장에서 내렸다. 교실에 허겁지겁 들어가지 않았다. 학생들을 만나기 위해 미리 마음의 준비를 했다. 게다가 어느 순간부터 나도 모르게 지인이를 기다렸다. 지인이가 오르는 버스 정류장이 다가오면 빼꼼 창문을 내다보며 아이를 찾았다.

그때나 지금이나 나와 지인이 사이에는 거리가 있다. 멀지도 가깝
지도 않다. 그러나 이제 내가 달라졌다. 잔잔히 살펴보는 기술과 멀리
서 기다리는 방법, 그리고 고요히 사랑하는 길을 배웠다. 눈에 보이는
표현만이 애정이 아니었다. 지인이는 내게 가슴 깊이 사랑하는 또 다
른 방법을 알려 주었다. 언젠가 한번 더 지인이를 만나고 싶다. 그리
고 또 함께 걷고 싶다.

옛사랑

정아령

　모든 교사에게는 저마다의 사랑이 있다. 그게 옛사랑이 되었든, 운 좋게 지금 사랑으로 남았든. 혹은 그게 한 개든 수백 개든. 내가 만난 아이들을 처음으로 세어 보았다. 담임으로 만난 아이들이 200여 명, 전담으로 혹은 교육 봉사나 해외 파견으로 만난 아이들은 천여 명이 넘었다. 이 모든 아이에게 내가 사랑으로 남지 않았다 하더라도 나는 괜찮다. 잊힐 줄 알면서도, 나는 잊을 수 없는 사랑을 계속한다. 옛사랑의 노래처럼 그리운 것은 그리운 대로 내 마음에 두겠노라고.

　한 해에 한 명만을 살려도 그걸로 성공한 한 해다. 첫해에 교통사고로 한 아이를 잃었고, 다음 해부터 한 해 한 명씩을 가슴에 품었다.

손목을 그었던 아이, 분노 조절이 어려워 연필로 책상을 찍던 아이, 정서 불안으로 수업 내내 돌아다니던 아이, 학교를 그만두고 죽고 싶다던 아이. 그 아이들은 나를 잊지 않고 찾아 준다. 한 해 한 번은 만나 노래방을 가고 밥을 먹기도 한다. 오가며 마주치면 더없이 반가운 얼굴로 특별한 마음을 나눈다. 내게는 그 아이들이 옛사랑이다.

　동료들은 나를 '마리아' 같은 선생님이라 했다. 아이들에 대한 사랑이 극진하다는 것이다. 아이들 문제로 힘들 때도 쉽게 아이들의 이야기를 입에 올릴 수 없었다. 아이들에 대한 평가나 가십성 이야기들이 오갈 때 나는 불편함을 느꼈다. 그러나 그것이 고단한 교직의 스트레스를 해소하는 일종의 문화라는 것을 뒤늦게 배웠다.

　어떤 상황에서도 아이가 문제라고 여기지 않아 애를 먹었다. 교사인 '나', '부모' 혹은 '또래'에게서 문제의 원인을 찾았다. 내 수업이 재미없어서 아이들이 떠드는 것이고, 내가 휘어잡지 못해서 말을 안 듣는 거였다. 모든 문제를 나에게 귀인하니 여간 힘든 게 아니었다. 아이들을 미워하지 않을 수는 있었지만, 나는 나 자신을 너무나 미워했다.
　그래서인지 나는 교사로서의 매력과 자신감을 제대로 발휘할 수 없었다. 아이들을 완전히 끌어당길 수 없었고, 그게 내 지도력의 한계였다. 일대일로는 좋은 관계를 맺지만, 전체를 끌어가는 카리스마가 부족했다. 생전 해 본 적 없는 화내는 연습, 소리 지르는 연습, 무서운 표정을 짓는 연습을 했다. 그리고 7년 차가 된 어느 날, 거울 속 내 눈빛이 사나워 나도 모르게 거울을 뒤집었다.

비싼 자비를 들여 교사역할훈련(T.E.T) 트레이너 과정을 이수하고, 학급긍정훈육, 공동체 놀이, 비폭력 대화, 교육 드라마, 문화예술교육을 배웠다. 민주적인 학급을 만들기 위해 노력했는데, 아이들은 예의가 없고 자유분방하다는 평가를 받았다. 내가 만난 아이들은 자율적이고 개성이 분명하며 자치력이 강했지만, 어른들 특히나 선생님의 실수나 잘못에 발끈했다. 그래서 전담 선생님들은 우리 반 아이들이 힘들다고 하셨다. 본의 아니게 동료들에게 민폐를 끼친 것만 같았다. 그리고 스스로가 무능하다는 생각이 들었다. 이게 정말 내가 바라던 학생을 존중하는 교육이었나….

내가 아이들을 존중하면 아이들도 그럴 거라 믿었다. 나는 결코 예의 없고 자기만을 중요시하는 아이들로 키우고 싶지 않았다. 그러나 아이들에게 필요한 건 무서운 선생님이었다. 단호한 선생님. 아이들 또한 그걸 원했다.

나는 '내가 원하는 선생님'에 대한 열망을 버렸다. 친절하고 마음을 잘 읽어 주는 선생님, 따뜻하고 이해심 많은 선생님, 재미있게 수업하고 잘 웃는 선생님. 그게 내가 될 수 있는 교사상이다. 그러나 내가 어떤 선생님이 되고 싶은가는 중요하지 않았다. 교육 수요자인 아이들과 학부모가 어떤 선생님을 원하는지가 현장에서는 더욱 중요했다. 그래서 매해 나는 더 무섭고 더 단호하고 더 카리스마 있는 선생님이 되리라 다짐한다. 그로 인해 매순간 긴장하고 스스로가 낯설게 느껴질지라도, 그것이 나의 일이고 교사로서의 숙명이라 받아들인다.

나는 아이들 한 명 한 명의 개성을 존중했다. 그래서 우리 아이들은 서로를 존중했다. 선생님을 존중하는 것은 부족했을지 모르지만, 서로의 다름을 인정하고 끌어안을 줄 알았다. 아이들은 교원능력개발평가에서 나를, '학생을 먼저 생각하고 우리를 잘 이해하고 존중해 주신다.'라고 평가했다. 존중 받은 그 경험이 힘이 되어 나중에는 '제멋대로'가 아닌 자신의 목소리를 낼 수 있는 아이들로 자랄 거라 믿는다. 아이들은 또 나를 '정 많고 친절하고 긍정적이고 재미있는 선생님'이라고 했다. 내가 수용적인 편이다 보니, 소극적인 아이들도 나를 만나면 적극적으로 변한다. 그게 내가 가장 잘할 수 있는 일이다.

누구나처럼 나는 잔소리를 듣는 것도 하는 것도 죽도록 싫어한다. 누가 이래라저래라 하는 것도 싫다. 그래서 아이들에게 잔소리를 잘 못 한다. 긴 말은 차라리 긴 글로 대체한다. 아이들이 가고 나면 학급 밴드에 솔직한 내 마음을 전한다. 그게 나의 소통 방식이다. 그래서일까. 올해 글쓰기에 관심이 생겼다는 아이들, 작가가 꿈이 되었다는 아이들이 있다. 졸업을 하고도 학급 밴드에 장편소설을 연재하는 아이도 있다. 그게 내겐 소소한 보람이다.

그래, 지나간 것은 지나간 대로 그런 의미가 있다. 이제야 떠난 이들에게 노래할 수 있다, 후회 없이 사랑했노라고. 이 노랫말이 불태우고 남은 연탄재 같은 내 마음에 다시 불쏘시개가 된다. 연탄재 함부로 차지 말라 했다. 너는 어느 한순간이라도 누군가에게 뜨거웠느냐고 시인은 물었다. 그러나 교직에서 우리는 함부로 자신을 불태우지 말라 한다. 너는 한해살이가 아니다. 너는 한순간 재로 남아서는 안 된다. 아주 오래도록 변함없이 따스함을 지닐 원료를, 나 자신을 먼저 지켜내야 한다.

"방학에 뭐 하세요?" 방학이 있어 부럽다는 이야기를 참 많이 듣는다. 교사는 방학 동안 다시 불쏘시개를 모은다. 한 해 한 해 뜨겁게 사랑하고 남은 잿더미 속에서 버릴 것은 털어 내고 쓸모 있는 것들은 모아 다시 사랑할 준비를 한다. 그래야 나를 지켜낼 수 있다. 옛사랑을 뒤로 하고 다시 새로운 사랑을 시작할 에너지원을 비축한다. 때로는 그게 연수 쇼핑이나 병원 쇼핑, 운 좋으면 여행 쇼핑이 되기도 한다. 가산을 탕진하더라도 말이다.

어떤 선택이든 뜨겁게 사랑한 자의 재기를 위한 시간이다. 실연한 이들이 무슨 일을 하든 우리는 이해할 수 있다. 그런 이들이 바로 교사다. 매해 실연하는 이들이 바로 이 땅의 교사인 것이다. 누가 이들에게 돌을 던지랴. 쉼 없이 사랑하는 일은 인공지능이나 할 수 있다.

지나간 일은 마땅히 잊혀야 한다. 어릴 적부터 매해 바뀌는 친구들과 선생님을 통해 나는 짧은 만남과 이별에 익숙해졌다. 쉽게 마음을 얻고 또 주고는 금세 잊는다. 사람과 친구는 쉽게 대체 가능한 것이었다. 다가서면 닿을 거리에 저마다 외로운 사람들이 있다. 나도 그랬다.

교직에서 우리는 이별하는 법을 다시 배운다. 매해 새로운 아이들과 동료, 학부모와 짧고 진하게 만나고 쿨하게 헤어져야만 한다. 지나치게 슬퍼해서도 그리워해서도 안 된다. 다음해 내게 오는 인연에 집중해야 한다. 동등하게 선택적으로 맺어 온 그간의 관계와는 다르게 교사로서 맺는 관계는 우연으로 만나 필연이 되어야 한다. 헤어짐이

기약된 '시한부 사랑'에 우리는 올해도 어김없이 이 한 몸을 던진다.

우리 모두는 불나방 같은 한해살이다.

너의 푸른 개를
응원해

박미정

"선생님! 성진이가 기택이 목을 졸라요!"

순식간에 벌어진 일이었다. 체육 시간이었고, 꼬리잡기 놀이를 했다. 빨강, 파랑 팀으로 나누고, 상대팀 허리춤에 꽂아둔 수건을 빼앗는 놀이였다. 나는 아이들이 서로 꼬리를 빼앗기 위해 애쓰는 걸 지켜보고 있었다. 황급히 아이들이 가리키는 쪽으로 달려갔다. 들썩이는 성진이의 등이 보였다. 기택이는 새하얗게 질린 얼굴로 바닥에 누워 있었다. 기택이 목을 조르고 있는 성진이의 손이 보였다. 힘이 잔뜩 들어간 손, 그 손이 덜덜 떨렸다.

"성… 진아, 성진아!"

나는 뭘 어쩌지도 못하고 조심스레 아이 이름만 불렀다. 등에 손을 갖다 대고 천천히 쓰다듬었다. 들썩이던 등이 가라앉고, 성진이 손에서 힘이 천천히 빠졌다.

"저 새끼가 나를… 다구리 하려고 했어요."

성진이는 가쁜 숨을 몰아쉬며 말했다. '다구리'는 여러 명이 한 사람을 괴롭힐 때 사용하는 말이다. 기택이랑 몇 명 아이들이 꼬리를 빼앗으려 하자 집단 따돌림으로 느낀 거다. 그냥 놀이였을 뿐인데 성진이는 불같이 분노했다. 나는 성진이 손을 잡고 서 있었다. 그냥 그렇게 한참을 서 있었다. 한낮의 뜨거운 햇살이 쏟아지는, 흙먼지 날리던 운동장에서.

2학년 때 담임하고, 6학년이 되어 다시 만난 성진이다. 2학년 성진이는 말수가 적고, 마음이 여리고 착했다. 선생님을 곧잘 따르고, 친구들과 장난치며 여느 아이들처럼 잘 지냈다. 6학년이 되어도 선한 인상은 여전했다. 몸은 훌쩍 자랐지만, 마음은 그대로인 듯했다. 나는 '우리 이미 아는 사이'라는 신호를 주며 반갑게 아이를 맞았다. 성진이도 나도 한동안 잘 지냈다. 그날 운동장에서 그 일이 있기 전까지는. 나는 성진이와 마주 선 그날에야 뒤늦게 알아챘다. 성진이 눈에 불안과 미움이 가득하다는 걸.

이후에도 성진이는 자주 폭발했다. 누군가 자신을 함부로 대한다고 느끼면 무섭게 달려들었다. 발로 차거나 목을 졸랐고, 의자를 던지기도 했다. 키도 덩치도 큰 아이라서 더 무서웠다. 한번 화가 나면 아무도 말릴 수가 없었다. 교과 전담 시간에 성진이가 화나면, 아이들이 나를 데리러 달려왔다. 내가 할 수 있는 일이라곤 아이 손을 잡고 이름을 나지막하게 부르는 것뿐이었다. 아이 눈 속에서 뜨거운 증오가 걷힐 때까지 그렇게 기다렸다. 흥분이 가라앉으면 성진이는 자신이 한 일을 후회했고, 많이 힘들어 했다.

지난 3년 사이 아이에게 무슨 일이 있었던 걸까. 성진이 엄마를 학교로 불렀다. 엄마는 성진이가 형과 많이 비교 당한다고 했다. 엄마 말에 따르면, 형은 무엇이든 잘해서 칭찬만 받는다. 그에 비해 성진이는 공부도, 운동도 못해서 무시 받는다. 시간이 갈수록 성진이는 움츠러들었다. 이야기를 들으며, 성진이의 축 처진 어깨가 떠올랐다. "저는 어차피 못해요."라고 하던 성진이의 느리고 힘없는 목소리가 생각났다. 하지만 교사로서 무엇을, 어떻게 해야 하는지 몰랐다. 모든 게 처음이었고, 모든 게 서툴렀다.

놀이동산으로 체험학습을 간 날 성진이가, "롤러코스터 무서워서 안 탄다니까, 친구들이 꺼지래요." 하며 내게 왔다.

모둠에서 밀려 나온 그 아이를 대충 다독여 친구들 곁으로 돌려보
냈다. 미술 시간에 하얀 도화지를 우두커니 바라보고 있을 때, 도화지
에 점 하나 찍어 주며 "괜찮아, 아무거나 그려." 했다. 나는 매번 그렇
게 임기응변으로 상황을 모면했다. 아이를 위해 무엇을 해야 하는지
몰랐다. 아니, 무엇을 해볼 용기도 없었다. '오늘도 무사히'만 되
뇌며 성진이 손만 잡고 버텼다.

이런 내 마음을 성진이도 알고 있었던 걸까. 졸업식 날, 식이 끝나
자마자 성진이는 한 마디 인사도 없이 서둘러 가 버렸다. 가슴 한 쪽
이 횅한 기분이 들었지만, 당연하다 생각했다.

푸른 개와 검은 표범은 날카로운 이빨로 서로 물어뜯으면서 밤새도
록 싸웠다.
검은 표범은 정말 지독하게 힘이 세었다.
푸른 개는 아주 용감하게 싸웠지만 점점 힘이 빠졌다.

나자가 쓰고 그린 《푸른 개》의 한 장면이다. 선명한 청색을 띤 푸
른 개와 짙은 검은색을 지닌 표범이 서로 날카로운 이빨을 드러내며

싸운다. 검은 표범이 소녀 샤를로뜨를 덮치려 하자 푸른 개가 필사적으로 막는다. 결국 푸른 개가 이기고, 아이는 푸른 개와 함께 집으로 돌아온다. 이 책을 읽을 때마다 성진이가 떠오른다. 그때 내가 '너는 눈부시게 빛나는 아이'라고 믿고 또 믿어 주었더라면, 검은 표범과 싸워 결국 네가 이길 거라고 힘주어 말해 줬더라면 어땠을까.

《푸른 개》에서 샤를로뜨가 푸른 개와 함께 집으로 돌아오는 장면이 나는 좋다. 샤를로뜨의 쫙 편 어깨와 다부진 눈빛에서 자부심과 긍지가 읽힌다. 샤를로뜨는 더 이상 어린 소녀가 아니다. 지금쯤 성진이도 분명 자기만의 푸른 개를 만났으리라 믿는다. '지독히 힘 센' 검은 표범과 용감하게 맞서 싸우고, 마침내 푸른 개가 이겼을 거다. 성진이는 푸른 개 등에 올라타 호기롭게 세상으로 나갈 준비를 할 것이다.

오랜만에 졸업 앨범을 뒤적여 그 아이를 찾았다. 성진이는 양손 검지를 세워 토끼 귀처럼 만들고서 수줍게 웃고 있다. 나는 손가락 끝으로 아이의 살짝 쳐진 눈매를 따라 그렸다. 부끄러움이 많아 한 마디씩 천천히 조심하며 내뱉던 아이, 어쩌다 눈이 마주치면 순한 미소를 피워 내던 아이. 나는 성진이에게 10년 전 못한 그 말을 해 주었다.

"성진아, 너의 푸른 개를 응원해! 난 너를 믿어!"

사진 속 성진이는 여전히 웃고 있었다.

너의 향기는

이지애

"이 옷 주인?"

2학년 담임이 된 첫날, 꼬맹이들의 작년 담임선생님께서 교실에 굴러다니던 옷가지들을 넘겨주셨다. 옷을 하나씩 들고 주인을 찾아주길 몇 차례 반복했다. 마지막 남은 옷을 들고 다시 주인이 누군지 물었다. 그러나 아이들 대부분은 옷 주인을 모르는 눈치였다. 그때 한 아이가 말했다.

"잘 모르겠어요. 왠지 상연이 꺼 같아요."

상연이는 아직 학교에 오지 않아 확인할 방법이 없어 빈 상연이 자리에 옷을 올려놓았다.

현빈이가 불쑥 일어나 짧은 혀로 부지런히 말했다.

"뗑뗑님, 제가요 예전에 돌봄교실에서 그 옷 냄새를 맡아 봤거등요? 근데 상연이 냄새 아니 어떠요."

냄새? 냄새로 사람을 맞춘다고? 아이의 말이 신기하면서 재미있었다. '낯선 여자에게서 내 남자의 향기가 난다.'라는 유명한 광고 문구도 잠시 머리를 스쳤다. 어쨌든 현빈이 코에 따르면, 그 옷은 상연이 옷이 아닌 듯했다. 옷은 금세 상연이 책상에서 교탁으로 옮겨졌다.

조금 있다 상연이가 왔다. 교탁에 있던 주인을 찾지 못한 마지막 옷을 보여 주었다. 역시나 자기 옷이 아니라고 했다. 현빈이는 또 자리에서 일어나 혀 짧은 소리로 말했다.

"뗑뗑님, 제가 그 옷 냄새 좀 맡아 봐도 돼요?"

어떻게 냄새로 옷 주인을 알 수 있다는 건지 이해할 수 없었다. 너무나 진지하게 말하는 현빈이가 그저 사랑스러웠다. 내게 옷을 넘겨받고는 얼굴을 옷에 파묻고 흠흠 냄새를 맡았다. 3초쯤 흘렀을까. 고개를 든 현빈이는 뭔가 알아냈다는 듯 묘한 표정이었다.

"야, 박준희. 이거 너 냄새잖아."

준희도 덩달아 앞으로 나왔다. 그러고는 현빈이처럼 옷에 얼굴을 묻었다.

"아, 이거 우리 형아 냄새네. 형아 옷이다!"

현빈이가 맞췄다. 현빈이 코가 옳았다. 냄새로 사람을 기억하다니, 사람의 후각이 맞나 의심이 들 정도다.

첫날 일정은 금세 지나갔다. 곧 점심시간이 되었다. 한둘씩 자리를 잡고 밥을 먹기 시작했다. 맛있게 먹는 아이들의 모습을 지켜보고 있는데 현빈이가 내게 말을 걸었다.

"떵땡님, 떵땡님 냄새 맡아 봐도 돼요?"

"그래, 맡아 봐."

자신이 냄새로 옷 주인을 맞췄다는 사실이 뿌듯했나 보다. 첫날부터 확실하게 자기 이미지를 굳히겠다는 숨은 의도가 보였다. 현빈이는 내 머리카락을 한 줌 집더니 코 가까이 가져다 댔다.

"냄새가 좋네요. 샴푸 냄샌가 봐요."

이 조그만 꼬마 녀석이 수줍게 뱉은 말에 기분이 좋아졌다.

현빈이는 표현을 잘하는 아이였다. 교실에 1등으로 도착하는 현빈이는 2등으로 내가 들어오면, "떵땡님, 보고 싶었어요.", "떵땡님, 오늘은 조금 늦으셨네요."라며 나를 반겼다. 주변에 관심도 많았다. 수업시간에 질문도 많았고, 친구들이 예쁜 옷을 입고 오면 칭찬해 주기도 했다. 학교 선생님들뿐 아니라 실무사님, 조리사님, 행정실장님까지 모든 교직원에게 관심을 보이며 말을 걸었다. 현빈이가 툭 던지는 말 한마디에 사람들은 미소를 가득 머금었다. 이렇게 현빈이는 사람들에게 먼저 다가가 이 사람 저 사람을 알아 갔다. 그리고 어쩌면 그 사람을 향기로 기억했는지도 모른다.

개그우먼 이영자씨는 맛의 미묘한 차이까지 분별하는 미식가다. 음식을 맛볼 때 맛, 향, 식감, 모양까지 놓치지 않으려고 모든 감각을 총동원한다. 심지어 한 식당의 음식 맛이 예전과 달라진 이유까지도 정확하게 맞출 정도이다. 맛을 오래 기억하고 분석하기 때문이다. 어떤 것을 분별하고 오래 기억한다는 것은, 그 대상에 얼마나 관심을 쏟았는지를 보여 준다. 한 대상을 관찰하고 알아가는 과정은 오래 기억 날 수밖에 없다. 현빈이가 사람의 향기를 기억하는 것도 마찬가지 아닐까. 그저 주변을 관찰하고 기억하는 대상이 향기일 뿐이었다. 현빈이는 그렇게 한 사람 한 사람을 향기로 모으고 있었다.

김영하 소설가는 '작가는 단어를 수집하는 사람'이라고 했다. 그렇다면 교사는 무엇을 수집해야 할까? 현빈이에게서 조심스레 그 대답을 찾아본다. 교사는 아이들의 향기를 수집하는 사람이다. 아이들에게서 사랑이 필요한 향기, 도움을 원하는 향기, 쉼이 필요한 향기를 맡는 사람이 교사이다. 아이들이 뿜어내는 향을 알아주는 것부터 교사와 아이들의 관계가 시작된다.

나는 그동안 내 향기에 빠져 있었다. 내 마음을 돌보기에만 급급했다. 때로는 내가 얼마나 잘난 교사가 될 수 있을지 상상하는 데 흠뻑 취해 있었다. 그러는 사이 아이들의 마음의 향을 맡는 일은 제쳐 둔 지 오래였다. 때로는 아이들의 향을 맡아 주긴커녕 학급을 혼란스럽게 만드는 몇몇 아이들을 불편하게 여기기도 했다. 그럴수록 그 아이들은 내게서 멀어졌다. 현빈이를 통해 자아도취에 빠진 내 모습을 보았다. 현빈이가 유쾌하게 날 한 방 먹였다.

'선생님은 제 향기를 아시나요?'

제자, 동료가 되다

류윤환

"공격수가 그렇게 하면 안 되지. 공이 오길 기다리면 어떡해. 미리 가 있어야지."

내가 다닌 초등학교는 동아리 활동을 유독 강조했다. 전교생이 하나 이상의 동아리에 가입되어 활동해야 한다. 나는 높은 경쟁률을 뚫고 축구부에 들어갔다. 담당 선생님은 키 크고 비쩍 마르신 30대 남선생님이셨다. 넘치는 카리스마와 열정을 겸비한 선생님께서는 우리와 함께 뛰며 땀을 흘리셨다. 대한민국 축구 국가대표 A매치가 있는 다음 날이면 우리를 불러 경기 분석을 해 주셨다. 우리에게 가르침을 주려는 목적인지 일본에게 진 대표팀에게 화가 나신 건지 구별이 안 될 때도 있었다. 이유가 어찌 되었건 열변을 토해 내신 선생님의 음성은 아직도 생생하다.

"수비수는 항상 자세를 낮춰야 해. 전봇대처럼 멀뚱멀뚱 서 있으니깐 골 먹히는 거 아냐."

관악부는 학교 대표 동아리라 여겨졌다. 인원도 많고 연습량도 많았다. 인근 학교에서 벤치마킹 하러 올 정도였다. 각설하고 내 기억에는 담당 여선생님이 남아 있다. 대단하셨다. 키는 학생과 비슷할 정도로 작으시지만 눈은 엄청 크셨다. 평소 초롱초롱한 눈은 상황에 따라 다양하게 변했다. 강렬한 눈빛으로 관악부원들을 조용히 시키기도 하시고, 눈빛 하나로 지휘하기도 하셨다. 우리는 레이저가 발사된다고 표현하곤 했다. 초등학생 시절 음악과 관련된 이야기를 하라고 하면 관악부 선생님이 제일 먼저 떠오른다.

일주일에 한두 번 만나니 얼마나 짧아서 아쉽던지. 복도에서 만나면 반가움과 존경심을 담아 큰 소리로 인사하곤 했다. 그럴 때면 "인사 참 잘 하네."라고 머리를 쓰다듬어 주셨다. 담임 선생님이면 얼마나 좋았을지 아쉬운 입맛을 다시곤 했다. 이때 들은 칭찬이 머리와 가슴에 남았다. 교사가 되고 나서 인사하는 아이들에게 나도 같은 칭찬을 해 준다.

그 무렵, 집 앞에 초등학교가 생겼다. 나는 그 학교를 다니진 못했지만 집 앞에 있는 학교라 운동장에서 축구는 많이 했다. 성인이 된후에도 이용할 정도였으니 누가 보면 그 학교와 인연이 있는 줄 알았겠다. 디자인 전국 대상을 받은 이 학교를 학창 시절에 다녔으면 얼마나 좋았을지 생각하곤 했다. 교대를 졸업하고 기회가 왔다. 학생이 아닌 교사로 인연이 생겼다.

첫 출근을 했다. 익숙한 얼굴이 있었다. 어릴 적 봤던 축구부 선생님과 관악부 선생님. 당연히 선생님들은 나를 기억하지 못하셨다. 조심스레 찾아가 내가 기억하는 옛 선생님의 모습을 말씀드렸다. 가물가물 하시더니 이내 생각해 내셨다. 그런 에피소드를 어떻게 기억하냐며, 세월이 그렇게 흘렀냐며, 세상 반갑다는 말씀과 함께 인자한 웃음을 지으셨다.

첫 교직 생활은 호락호락하지 않았다. 평소 사소한 힘듦은 동학년 선생님에게 털어놓았지만, 정말 힘들 때면 이분들을 찾아갔다. 바쁘신 와중에 찾아가도, 퇴근 직전에 찾아가도 반겨 주셨다. 매번 고개를 끄덕일 만큼 현명한 조언을 해 주셨는데, 시간이 오래 지난 지금은 내 말을 경청해 주시고, 공감을 해 주신 따뜻한 느낌만 남아 있다.

계약 기간이 끝나고 헤어지는 날, 선생님들께서 일렬로 서서 악수와 덕담을 해 주셨다. 축구부 선생님과 관악부 선생님은 "수도권 올라가서 밥 잘 챙겨 먹어야 한다."는 말씀을 수차례 해 주셨다. 선생님들의 따스함을 잊지 못한다. "교사는 오래 서 있는 직업이니 발이 편해야 해." 하시며 선물로 슬리퍼를 사 주셨다. 평생 신겠다고 약속했고 지금도 신고 있다.

축구광인 나도 아이들과 함께 뛴다. 내가 축구하고 싶어서 뛴다. 그 시절 축구부 선생님은 어떤 이유로 뛰신 걸까? 문득 생각해 본다. 제자들이 어느 날 찾아와 "○○초등학교에서 근무하지 않으셨어요?"라고 하는 말에 놀랄 날이 오려나? 동료 교사로 나타나려나? 나도 제자에게 슬리퍼를 선물해 줄 날이 오길. 인디스쿨과 아이스크림 아이디를 빌려줄 날이, 위로와 힘을 줄 날이 찾아올 것을 꿈꿔 본다.

옥황상제 밥상 부럽지 않은
텃밭 이야기

김진향

학교 텃밭 공간을 이용할 반이 있는지를 묻는 메시지가 왔다. 잠시 고민했다. 시골집에 제법 넓은 텃밭을 가꾸기는 하지만, 사실 가끔 가서 겨우 들여다보는 정도이고, 정작 손이 많이 가는 일은 자주 해 보지 않았기에 잘할 수 있을까 걱정이 되었다. 반 아이들과 가꾸는 텃밭은 다를 텐데 어쩌나. 그래도 한번 해 보고 싶었다.

텃밭 공간은 생각보다 넓었다. 작년에는 많은 학년에게 배당이 돼서 오밀조밀 좁고 여유가 없어 보였는데, 올해는 신청반이 적었나 보다. 5학년에서도 우리 반과 3반뿐이다. 이제는 뭘 심어야 할까를 고민해야 했다.

"전 부장님만 믿고 종류도 다 같은 걸로 심겠습니다."

텃밭 경험이 전혀 없다는 3반 선생님의 말에 어깨가 무거워졌다.

수확 시기가 다른 종류를 심어 꾸준히 관심을 갖게 하고 싶었다. 한 가지 작물만 심거나 수확 시기가 너무 이른 것들로만 심으면 그 이후에는 텃밭이 의미가 없어지므로, 봄부터 가을까지 수확 시기가 이어지도록 분포되게 골랐다.

만만하게 잘 자라는 방울토마토는 후보 1순위다. 예민하지 않아서 물만 잘 주면 열매도 많이 맺고 잘 큰다. 작년에는 화분에 심어 교실에서 기워 봤으니 자신이 있었다. 급식 시간에 고기가 나오는 날 뜯어서 먹으면 좋겠다 싶어서 상추도 선택했다. 여름 무렵 수확할 수 있는 건 뭐가 있을까 생각해 보니, 얼마 전 시골집 텃밭 둘레에 심어 놓고 온 옥수수가 떠올랐다. 아이들과 쪄 먹을 상상을 하니 마음은 이미 옥수수 부자였다. 나머지는 가을에 수확할 수 있는 고구마로 정해서 총 4가지를 심기로 했다.

모종들을 받아서 3반 선생님과 둘이 텃밭에 쭈그리고 앉았다. 붙어 있는 두 텃밭이 데칼코마니처럼 대칭이 되게 모종을 심었다. 5월 초인데도 햇살이 뜨거워 심고 나니 땀으로 등이 젖었다. 식물들도 더울 것 같아서 충분히 물을 머금으라고 땅속까지 스며들도록 물을 듬뿍 주고

마무리했다. <u>텃밭 가꾸기를 통해 반 아이들뿐 아니라 동료 선생님과도 좀 더 특별해질 것 같은 기대감이 들었다.</u>

텃밭 이름을 공모했다. 아이디어가 나오면 그중에 가장 많은 표를 얻은 것으로 정하자고 했다. 몇 가지가 나왔지만 '옥방상제'가 참신했고 제일 많은 표를 얻었다. 옥수수, 방울토마토, 상추, 고구마를 심었다는 이야기를 듣고 앞 글자들을 따서 떠오른 아이디어란다. 재치 있는 대답이었다. 그런데 고구마는 어쩌냐고 했더니, 그건 따로 표시하자고 해서 웃으며 그러자고 했다. 다소 긴 감이 있지만 '옥수수, 방울토마토, 상추, 그리고 고구마도 있는 5학년 1반 옥방상제 텃밭'이라고 푯말을 만들어 붙였다. 이름을 붙여 주니 애정이 가는 진정한 우리 반 텃밭이 되었다.

토질이 좋은 편이 아니라서 물을 자주 주고 더욱 정성을 쏟아야 했다. 요일별로 텃밭 가꾸는 당번을 정했고, 특히 옥수수와 고구마는 물을 많이 주어야 한다고 일러두었다. 하루하루 키가 자라고 잎이 무성해지는 식물들을 보기 위해 출퇴근할 때마다 한 번이라도 더 들여다봤다. 그러면서 3반 텃밭에도 한 번씩 물을 주고 눈길도 주고, 같이 키우는 마음으로 가꾸었다. 나중에 보니 3반 선생님 역시 그러고 있었다. 우리는 밤새 서로의 곳간에 쌀가마니를 옮겨다 놓은 형제처럼 서로의 텃밭에 번갈아 물을 주며 사이좋은 자매 같은 마음으로 키우고 있었던 것이다.

아이들도 오가며 물을 주고, 관심과 애정으로 살폈다. 가끔 창문으로 내려다보고 있으면 그 모습이 그렇게 기특하고 예뻐 보일 수가 없었다. 잘 자라는 식물들보다 아이들의 마음이 자라는 모습이 예뻐서 한참을 보게 되었다. 텃밭을 통해 나는 아이들과 동료 교사를, 아이들은 나와 텃밭을 더 의미 있게 느끼고 친밀해지는 선순환이 일어나고 있었다.

나날이 상추의 잎이 무성해지는 걸 보고 고기 반찬이 나오는 날만을 기다렸다. 전담 시간에 상추를 따서 잘 씻어둔 후, 급식 시간에 "짜잔~"하고 아이들에게 보여 주니 탄성이 터져 나왔다. 쌈장까지 준비해 줬더니 입이 찢어져라 맛있게 먹는 모습, 먹고 몇 장 더 먹겠다고 하는 모습에 어찌나 뿌듯하던지. 이런 맛에 텃밭 하는구나 싶었다.

방울토마토는 내 키와 맞먹을 만큼 쑥쑥 자랐다. 크기도 다양한 토마토를 따서 한 알씩 입에 쏙쏙 넣어 주니 아기 새들에게 모이를 넣어 주는 어미 새가 된 기분이었다. 맛있게 잘 받아먹는 아이들 입의 오물거림이 얼마나 예쁜지 흐뭇하게 바라보았다. 그렇게 여러 번을 수확한 방울토마토는 단연 효자 식물이었다.

여기까진 참 좋았다. 그런데 올 여름에 극심한 폭염으로 옥수수 대가 두꺼워지지 못하고 너무 얇은 채 키만 삐죽하게 자란 것이 문제였다. 개학하면 아이들과 옥수수를 쪄 먹으려던 부푼 기대는 바람 빠진 풍선처럼 쭈그러들고 말았다. 언제 찐 옥수수를 먹을 수 있나하고 목 빠지게 기다리는 아이들 때문에 결국은 미니 옥수수 상태로 8~9개를 수확했다. 그런데 너무 딱딱하고 작아서 먹지는 못하겠다고 생각했다. 관찰용으로 둘까, 그래도 먹어볼까 했더니 아이들은 꼭 먹어야겠단다. 그래서 물을 듬뿍 넣고 삶아 온 옥수수 알을 일일이 까서 모두가 먹을 수 있게 나누어 주었다. 생각보다 여러 번 나누어 먹을 수 있어서 아이들은 신기해했다. 이런 순간을 그냥 넘기기 아쉬워 시를 써 보았다.

경험과 느낌들이 생생하고 때론 너무 솔직한 내용이라 살아 있는 글쓰기와 시 수업이 이런 것이구나 하는 생각이 들었다. 알은 작지만 맛은 크다고 표현한 아이, 이렇게 딱딱한 건 그냥 팝콘으로 만들면 더 맛있었을 것 같다는 솔직함, 알이 근육질이라 딱딱하다는 재미난 발상, 보기에 정말 작아서 먹을 수나 있을까 했는데 우리 반 모두가 나눠 먹고도 충분한 양이었다는 아이들의 시에서 바로 이게 살아 있는 글쓰기라는 걸 느낄 수 있었다. 우리는 시를 키워서 쓴 것이다.

추석이 지나고 고구마를 캤다. 역시나 폭염은 고구마 농사에도 타격을 주었다. 고구마는 그래도 많이 캘 수 있지 않을까 기대했지만, 그 기대는 여지없이 무너졌다. 팔이 아프도록 아이들과 열심히 땅을 팠지만 가느다란 뿌리만 무성하고 겨우 몇 개만 건졌다. 나머지는 고구마 미니어처 같았다. 고생에 비해 볼품없는 수확에 실망한 아이들의 아쉬움을 달래 주고 싶었다. 시골집 텃밭에서 수확해 온 고구마를 가지고 와서, 수확한 고구마와 함께 실과 시간에 쪄 먹었다. 역시 함께 먹는 즐거움은 컸다.

　생각처럼 풍성한 수확은 얻지 못했지만 텃밭을 통해 아이들의 마음을 얻었다. 그리고 추억도 얻었다. 옥황상제 수라상 같은 풍족함보다는 오히려 부족하고 실망한 옥방상제 텃밭 수확이라 더 오래 기억에 남을지도 모르겠다. 너무 많아서, 넘쳐 나서 문제인 세상에 모자라고 작은 것을 함께 나눈 경험이 더 의미 있지 않을까. 땀 흘려 가꾸고 정성과 시간을 들이는 일의 경험, 그리고 수고한 만큼의 결실을 맺지 못해도 적은 것을 나눌 줄 아는 마음을 잊지 말기를. 함께 가꾼 텃밭으로 인해 우리 반 아이들의 마음 밭 자리가 더 커지고 넓어졌기를 바란다.

PART .4

겨울

반짝반짝 트로피

김소원

시작만큼 끝도 중요하다. 마무리가 행복하다면 좋은 추억으로 남을 가능성이 높기 때문이다. 학년 말에 오래도록 기억에 남을 활동을 하고 싶었다. 두고두고 간직하며 다시 꺼내 볼 수 있는 무언가를 만들면 어떨까? 1년 동안 교실에서 함께 지낸 친구들과 편지로 마음을 주고받으면 좋겠다고 생각했다.

문제는 아이들을 어떻게 쓰게 하느냐였다. 자신이 보내고 싶은 사람을 정하고 진심 어린 편지를 쓰게 하고 싶었다. 그러나 무작정 편지를 쓰라 한다면 나의 의도와 달리 아이들이 부담을 느낄 터였다. 아이들이 자연스럽게 마음을 전하려면 먼저 흥미를 느끼게 해야 했다.

그러던 중 '트로피 만들기' 활동을 찾았다. 〈쌤블로그〉에 김민경(교사다요) 선생님께서 올려 주신 '자존감 미술 #3-하나뿐인 트로피 상장 선물하기' 자료를 활용했다. 미술 시간에 다운로드 한 미니 트로피 도안과 상장 도안을 복사하여 나눠 주었다. 한 학생당 10개의 미니 트로피 안에 메시지를 써서 친구들에게 전하고, 각자 받은 트로피 내용을 읽고 스스로 상장을 만들어 보자고 했다.

아이들은 트로피 도안에 관심을 보였다. 그러나 처음에는 많은 친구들이 부끄럽다, 누구에게 보내야 할지 모르겠다고 말했다. 자주 해 보지 않은 활동이라 어색하게 느꼈나 보다.

"어렵지 않아. 잘 생각해 보렴. 넌 축구를 잘해, 그동안 너와 놀아서 즐거웠어, 이런 짧은 칭찬 말이나 인사도 괜찮아."

아이들이 잠시 고민하더니 하나, 둘 활동에 참여하기 시작했다. 나중에는 트로피가 부족하다며 더 달라는 아이들도 있었다.

아이들은 트로피 쪽지를 곧잘 썼다. 아이들이 교실을 돌아다니며 완성한 트로피를 친구에게 직접 전달했다. 친한 친구에게 받아 좋아하는 아이들도 있고, 예상치 못한 친구에게 받아 놀라는 아이들도 있었다. 어떤 친구는 자신이 받은 트로피를 들고 나와 나에게 은근슬쩍 자랑하기도 했다. 서로 트로피를 주고받으며 즐거워하는 아이들을 흐뭇하게 바라보았다.

그때 한 여학생이 나에게 다가왔다. 내 책상 위에 종이를 슥 내밀고는 후다닥 들어갔다. 뒤집어 보니 트로피 쪽지였다.

'선생님, 항상 친절하시고 열심히 가르쳐 주셔서 감사합니다.'

갑자기 마음이 뭉클하고 코끝이 시큰거렸다. 기대하지 않았던 터라 더욱 찡했다.

"와, 선생님은 받으리라 생각도 못 했는데…. 너무 고마워. 정말 감동이다."

나의 북받친 마음이 떨리는 목소리에 고스란히 묻어 나왔다. 고개를 끄덕이는 아이의 볼은 내 눈만큼 빨갰다.

이후 몇 장의 트로피를 더 받았다. 대부분이 친절하다, 열심히 가르쳐 주셔서 감사하다고 적었다. 그러다 한 친구가 적은 트로피를 읽고 멈칫했다.

'선생님 저희를 항상 힘들게 가르쳐 주셔서 감사합니다.'

'항상 힘들게'라는 말에 시선이 한참 머물렀다. 아이는 별 뜻 없이 자신이 아는 말을 적은 건지도 모르지만, 나는 여러 생각을 떠올렸다.

사실 그해 학급 운영 중 꽤나 어려웠던 순간들이 몇 번 있었다. 너무 힘든 날에는 남몰래 눈물을 흘리기도 했고, 실제 몸이 아픈 날도 있었다. 그래도 아이들 앞에서는 밝고 긍정적인 모습을 보이려고 애썼다. 힘들어도 덤덤하게 행동하거나 오히려 크게 웃기도 했다. 그게 나와 아이들을 위한 길이라고 생각했다.

개중에는 이런 나의 속마음을 알아챈 아이들도 있나 보다. 한편으로는 마냥 어려서 나를 이해해 주는 건 기대도 안 했는데 기특했다. 그러나 또 다른 한편으로는 괜스레 아련하기도 했다. 아이들에게 사랑하는 마음을 충분히 표현해 주었는지 돌이켜 보니, 그러지 못했던 것 같다.

나도 아이들에게 관심을 표현하기로 했다. 그 친구에게 다가가 더 활짝 웃으며 고맙다고 말했다. 아이가 싱긋 웃어 준다. 아이의 미소를 보니 마음이 편해진다. 다른 아이들과도 소소한 대화를 나누었다. 이제는 다 괜찮아졌다고, 오히려 너희들을 만나 행복했다는 마음을 전하고 싶었다.

마지막으로 상장 수여식을 하며 활동을 정리했다. 아이들은 겹치는 문구 하나 없이 각자의 개성에 딱 맞는 말들로 상장을 채웠다. 친구들이 서로 돌아가며 시상식 노래에 맞춰 세상에 단 하나뿐인 상장을 수여했다. 상장을 받을 때 부끄러워하면서도 새어 나오는 웃음은 어쩌지 못하는 아이들이 무척이나 귀엽다. 이토록 맑고 순수한 아이들이 어디서나 행복하기를 바란다.

아이들이 준 트로피 쪽지는 빛이 없어도 반짝였다. 아이들이 내게 준 세상에서 가장 멋진 트로피를 훑어본다. 일 년의 기억들이 주마등처럼 스쳐 간다. 아이들의 말 한마디, 행동 하나로 울고 웃던 내가 보인다. 아이들을 만난 덕분에 전보다 마음은 더욱 단단해지고 생각은 커졌다. 아이들과 함께하며 성장할 수 있었던 한 해를 선물 받아 참으로 감사하다.

그래, 우리 함께

김누리

스물네 살, 3월에 첫 제자들을 만났다. 궁금증 가득한 2학년, 스물다섯 명의 눈동자가 내게로 향했다. 떨림을 애써 감추며 내 소개를 하고 있었다. 한 아이가 불쑥 말했다.

"선생님, 저는 작년에 시험 거의 다 100점 맞았어요."

아이의 우렁찬 목소리만큼이나 나는 당황했다. 그저 "도희는 공부를 잘했나 보구나." 하고 넘어갔다. 그게 화근이었던지 도희는 이후에도 수업의 흐름을 뚝 끊으며 자기 자랑을 해 댔다. 왜 자꾸 잘난 척이냐며 아이들이 웅성거렸다. 나는 그제서야 주의를 주었다.

한 일주일쯤 지났을까. 일이 터졌다.

"선생님, 도희가 책상 엎고 소리 지르면서 울어요!"

중간놀이 시간, 협의실에서 잠시 숨 돌리고 있던 때였다. 한 아이가 내게 달려와 가쁜 숨을 몰아쉬며 말했다. 놀란 나는 교실로 달려갔다. 도희의 책상이 앞으로 엎어져 있었다. 도희는 자기 자리에 우뚝 서서 울부짖었다. 그런 도희를 아이들이 빙 둘러싸고 있었다. 온몸으로 화를 뿜어내는 아이를 누구도 선뜻 달래지 못했다. 일단 아이들을 제자리로 돌려보내고 도희와 이야기를 나눴다.

"도희야, 아까 왜 그랬니?"

"애들이 막 저한테만 뭐라고 했어요."

"그래? 아이들이 뭐라고 했는데?"라고 묻자 아이는 입을 꾹 다물었다.

꽤 오래 기다리고 나서야 사건의 전말을 알 수 있었다. 도희가 자기 자리에 떨어진 쓰레기를 다른 아이 자리로 치웠고, 그걸 본 아이들이 안 된다고 말했다. 도희는 자기가 뭘 잘못했는지 몰랐다. 그런데다 여러 명이 뭐라고 하니 당황한 나머지 말보다 몸이 앞선 것이다.

도희 어머니와 통화했다. 그날 있었던 일을 말씀 드리자 어머니는 연거푸 죄송하다고 했다. 도희의 성장 과정도 들을 수 있었다. 도희는 여섯 살에야 말이 트였다. 안쓰러운 마음에 어머니는 도희가 원하는 거라면 뭐든 다 들어주셨다. 이야기를 다 듣고 나니 그동안의 도희 행동들이 이해되었다. 동시에 연민의 감정이 불쑥 올라왔다. 나는 도희에게 함께 살아가는 방법을 가르치기로 했다.

그러려면 도희가 학급 규칙을 잘 지켜야 했다. 도희가 책상을 엎고 친구를 때리고 미운 말을 할 때마다 나는 역지사지를 가르쳤다. "도희가 이 친구였다면 마음이 어땠을까?"라고 수없이 물었다. 그러나 자기 세상에만 갇혀 지냈던 도희에게 규칙을 이해시키기란 쉽지 않았다. 도희는 걸핏하면 "왜 저한테만 그러세요?"라고 물었다.

발표할 때도 마찬가지였다. 많은 학생들이 발표하고 싶어 손을 들어도 수업 시간상 다 시키지 못할 때가 있다. 도희는 발표를 하지 못하면 책상을 쿵 치거나 "왜 저만 안 시켜 주세요?"라고 말했다. 그러면 나는 이렇게 말했다.

"이번 시간에 발표 못한 사람 손들어 볼까? 봐, 도희야. 이렇게 많은 친구들이 발표를 못했단다. 아쉬운 마음은 우리 모두 똑같아. 선생님도 더 많은 친구들을 시켜 주지 못해 아쉽고. 그렇지만 우리가 앞으로 발표할 수 있는 시간은 정말 많아. 그러니 도희야, 아쉬워도 우리 다음을 기다려 보자."

그러자 놀랍게도 도희는 변했다. 점차 도희의 눈과 마음이 다른 아이들을 향했다. 도희는 왜 자기만 혼내냐고, 왜 자기만 안 시켜 주냐고 하지 않았다. 문제가 생기면 울음이나 폭력이 아닌, 말로 풀어내려고 노력했다. 다른 규칙들도 하나, 둘 지켜 나갔다. 그러자 오히려 다른 아이들이 도희에게 먼저 손을 내밀었다. 도희는 더 이상 혼자가 아니었다. 도희는 정말 '우리 반'이 되었다.

마지막 날, 도희 어머니께서 하신 말씀이 아직도 선명하다.

"선생님, 도희가 많이 컸어요. 선생님께서 도희가 우는 대로 다 들어주셨다면 이렇게 변하지 않았을 거예요. 도희를 이해시켜 주셔서 감사해요. 마음 같아서는 내년에도 저희 도희, 선생님께 맡기고 싶네요."

내년에도 내게 아이를 맡기고 싶다는 말이 가슴을 울렸다. 나에 대한 믿음이 느껴졌다. 마음이 벅차올랐다.

스스로 하고 함께하는 행복한 학급. 지금 우리 반 급훈이다. 도희를 가르친 후 매년 '함께'라는 말을 급훈에 넣었다. 함께의 힘을 믿는다. 매일 아침 출근하며 복도에 서서 급훈을 꼭꼭 가슴에 새긴다. 힘차게 문을 열고 들어가 스물 한 명의 아이들을 본다. 그리고 다시 한번 되뇌인다.

'그래, 우리 함께.'

마음먹기 달렸어!

유힘찬

술잔이 돌고 돈다. 기름 냄새가 솔솔 풍기는 부추부침개에 달짝지근한 막걸리 한잔. 눈 내리는 부석사를 배경으로 동료 교사들과 함께 술잔을 기울였다. 잔끼리 부딪치는 소리와 왁자지껄한 웃음소리가 묘한 조화를 이룬다. 그 속에서 묘한 상념에 젖어 들었다. 만약 오늘 워크숍으로 부석사에 오지 않았다면, 이 사람들과 마음을 나눌 수 있었을까? 눈 내리는 부석사를 하염없이 바라보며 하루를 돌아봤다.

수요일 오후 2시. 가기 싫은 워크숍 출발 시각이 다가왔다.

"아아. 오늘 워크숍에 참석하는 교직원분들은 남간재로 이동하여 버스에 탑승하겠습니다. 교실 정리를 하시고 얼른 나와 주시기를 부탁 드립니다."

교무 부장님의 방송 안내가 이어졌다. 내게 있어 워크숍은 의미를 찾기 힘든 행사였다. 맥락 없는 장소를 대충 둘러본 후 어색하게 밥만 먹고 헤어지는 행사가 여간 맘에 들지 않았다.

게다가 오늘은 장소와 날씨 또한 문제였다. 부석사는 아름다운 곳이지만 눈이 올 때는 여정이 힘든 장소다. 길이 좁고 꼬불꼬불한 데다, 차량 통행이 적어 눈이 오면 쉽게 노면이 얼어붙는다. 매년 겨울이 되면 큰 사고가 나는 곳이라 걱정이 앞섰다. 무거운 발걸음을 옮겨 전세버스에 올라탔다. 이어폰을 대충 귀에 쑤셔 넣고 흘러나오는 노래를 들으며 부석사로 향했다.

부석사에 도착해 털레털레 버스에서 내렸다. 함박눈이 펑펑 내리는 길을 따라 매표소로 향했다. 매표소 앞을 지나 위를 쳐다봤을 때 걸음을 멈출 수밖에 없었다. 함박눈이 소복이 쌓여 있는 일주문까지의 비탈길은 신비로움 그 자체였다. 1km 남짓 되는 완만한 경사의 길에 양쪽에 늘어선 은행나무들이 비현실적으로 느껴졌다. 무겁던 발걸음이 구름을 밟듯 사뿐해지는 순간이었다.

일주문을 지나 낮은 돌계단이 있는 천왕문에 다다랐다. 늠름하게

서 있는 사천왕에게 합장한 후 경내로 들어섰다. 범종루를 지나 큰 돌계단이 있는 안양루 앞에 섰다. 가파른 돌계단과 운무 사이로 얼핏 보이는 안양루는 그야말로 절경이었다. 안양문은 극락에 이르는 입구를 상징하는데, 이 문을 지나면 나오는 무량수전이 바로 극락이다. 무량수전을 향해서 가파른 계단을 올랐다.

부석사에 올 때면 항상 하는 행동이 있다. 일단 무량수전에 도착한 후 크게 심호흡을 한다. 그리고 눈을 감고 뒤로 돌아 셋을 헤아린다. 숫자가 끝나고 눈을 뜨면 언제나 나의 가슴을 설레게 하는 풍경이 온 마음에 꽉 찬다. 이때가 가장 행복한 순간 중 하나다. 모든 것을 잊게 만드는 아름다운 경치는 가슴 벅찬 감동을 준다.

이번에도 마찬가지로 눈을 감고 숫자를 헤아렸다. 눈 내리는 부석사는 처음이라 어떤 모습일지 가늠조차 하지 못했다. 살며시 눈을 떴다. 완벽한 풍경이었다. 살면서 본 모든 경치 중에 단연코 최고로 꼽을 수 있는 장면이었다. 짙은 운무와 엄지손톱만 한 함박눈이 내린 부석사 경내는 이 세상의 경치가 아니었다.

말 그대로 극락이었다. 한참을 멍하니 무량수전 아래 펼쳐진 경치를 바라봤다. 갑자기 작은 탄성이 들렸다. 뒤늦게 도착한 선생님들이 무량수전 아래 펼쳐진 경치를 보고 내는 소리였다. 그 모습을 물끄러미 쳐다보다 불현듯 내 마음을 마주하게 됐다.

'분명 나는 워크숍이 오기 싫었는데, 이제 그런 마음은 온데간데 없이 가슴 벅차 하고 있네. 사람 마음이 이토록 갈대 같다니. 그래, 모든 것은 마음에서 일어나는 것이었어.'

일체유심조. 마음먹기에 따라 모든 것의 의미가 새로워 질 수 있다. 좋고 싫음은 오로지 마음이 지어내는 것임을 새삼 깨달 았다. 다시 주변을 둘러봤다. 내 주변에 있던 선생님들이 따뜻하게 느껴졌다. 내 마음이 따뜻해지니 주변 사람들마저 예뻐 보였다. 이들과 소통하고 싶었다.

올라올 때는 혼자였다면, 내려갈 때는 함께였다. 평소 어색했던 선생님들과 이런저런 이야기를 하며 서로에 대해 알아 갔다. 아쉬움이 들어 주차장 아래 막걸리 집으로 향했다. 막걸리 집에서 술잔을 서로 채워 주며 좀 더 많은 교감을 나눴다. 따뜻한 미소가 서로의 얼굴에 떠올랐다. 한 발짝 가까워진 것 같았다.

만약 내가 워크숍에 오지 않았다면, 나의 마음은 이토록 따뜻해질 수 없었을 것이다. 창밖에 비친 내 얼굴이 모처럼 만에 보기 좋았다. 둥그런 내 얼굴에 걸린 미소가 마치 자애로운 부처님의 얼굴 같았다. 아마도 내 마음이 자애로운 상태여서 얼굴에 드러난 것이겠지. 정말 모든 것은 마음에 달린 것이었구나. 참 다행이다. 이곳에 있을 수 있어서.

흔들리며 피는 꽃

김상미

　새 학기가 시작될 무렵 나는 첫눈에 반한 남자와 연애 중이었다. 학교를 옮겨야 해서 원룸으로 이사할 때도, 서울 곳곳을 다니며 꽉 찬 주말을 보낼 때도 늘 그와 함께였다. 그렇게 모든 것이 아름다워 보였던 봄은 안타깝게도 두 달 만에 끝이 났다. 그가 갑자기 이별을 통보했고, 하늘이 무너지는 듯한 충격을 받은 나는 거의 폐인이 되었다.

　퉁퉁 부은 눈을 어찌할 수 없어 선글라스를 끼고 학교에 갔다. 출근길에 만난 옆 반 선생님이 "누구랑 헤어지기라도 했어요?"라며 농담을 던졌다. 나는 고장 난 수도꼭지인 양 울어 버렸다. 수업도 일도 손에 잡히지 않고 하루하루가 지옥 같았다.

"너 집에 가면 또 울 거잖아."

친하게 지내던 동료 선생님들이 집에 들어가지 말라며, 저녁을 사주고 노래방도 데려가 주었다. 몇 날 며칠을 밤늦게까지 함께 시간을 보내며 도닥여 주는 동료들 덕분에 나는 조금씩 기운을 되찾았다.

탁한 공기 때문에 감기를 달고 살던 나에게 이번엔 원인 모를 두드러기가 생겼다. 스트레스로 인한 증상인 줄만 알았는데, 한의원에서는 화병이라고 했다. 사랑으로 안아 주어야 할 사춘기 아이들에게 나는 소리 지르고 매를 들었다. 몸이 아프고 마음이 흔들리니 행복하지 않았다. 지하철 계단을 오르다 주저앉았던 출근길에는 아무도 날 거들떠보지 않는 듯한 느낌에 서럽기만 했다.

그래도 학교에 가면 내게 힘이 되어 주는 동료 선생님들이 있었다. 자취생의 건강을 걱정하며 김치를 담가 주셨던 부장님, 아침마다 건강한 수다로 하루의 활력소가 되었던 옆 반 선생님, 스트레스 풀자며 식도락 여행을 함께했던 또래 선생님들까지. 그들은 회색빛 도시에서 빛을 잃어 가던 나에게 유일한 희망이었다.

동료 교사 K와는 가장 가까이에서 동고동락했다. 남들에게 쉽게 꺼내기 어려운 이야기도 그녀 앞에서는 마음껏 털어놓았다. 학생을 대하며 겪는 어려움, 만나는 남자 이야기, 교사로 살아갈 미래…. K와 자주 갔던 단골 노래방이 떠오른다. 마이크를 잡고 한바탕 노래를 부르고 나면, 또 하루를 살아 낼 힘이 생겼다. 조퇴하고 놀이공원에 갔던 20대의 객기마저도 고마운 추억이 되었다.

십 년도 더 지난 지금은 아이를 키우는 엄마로, 부장 교사로, 장학사로, 더 많은 역할을 감당하는 중견 교사가 되었다. 가끔 전화로 서로의 안부를 묻는 기회가 생기면, 약속한 듯이 타임머신을 타고 그때로 돌아가 그 시절 이야기를 나눈다.

나의 스물일곱은 흔들리며 피는 꽃이었다. 그 흔들림을 견디어 내는 일이 쉽지는 않았지만, 힘들고 아팠던 시기를 잘 버티어 냈기에 지금의 내가 있다. 그래서 그때로 다시 돌아가겠느냐고 묻는다면 대답은 'NO'이다. 수없이 고민하고 선택했던 시간을 지나 지금 여기에서 행복하다고 말할 수 있으니 이것으로 족하다.

유년의 선율

이현아

"일어났니? 교회 가야지. 선생님이 아파트 정문으로 데리러 갈게."

벌써 8명째다. 일요일 아침, 엄마가 주일학교 아이들을 일일이 전화로 깨우는 소리다. 나와 동생은 귀를 틀어막고 이불을 머리끝까지 뒤집어쓴 채 달콤한 주말 아침잠에 빠져 보려 안간힘을 쓴다. 그러나 이내 더 큰 소리가 들려온다.

"위이잉"

아빠가 커다란 소리를 내는 전기면도기를 턱에다 대고 3중 날을 유연하게 돌리면서 침대 맡으로 온다. 이제 막 수염을 깎아 낸 꺼끌꺼끌한 턱을 나와 동생의 볼에 마구 비빈다.

늦지 않게 준비해서 나오라는 당부를 남긴 채 부모님은 먼저 교회로 출발하셨다. 아침부터 저녁까지 주일학교 교사, 성가대, 식당 봉사, 구역장 등 해야 할 일이 많으셨기 때문이다. 부모님은 언제나 나와 동생보다는 주일학교 아이들을 더 챙기느라 바쁘셨다.

부모님은 개척교회에서 헌신적으로 봉사하셨다. 허리가 아프다면서 드럼통만 한 국통을 번쩍 들어 올리고 설거지를 하는 모습, 남들이 힘들어 하는 궂은일을 도맡아 봉사하는 모습…. 눈에 보이지 않는 가치를 위해 조그마한 교회에서 고생하는 부모님이 나는 존경스러웠지만 한 편으로는 속상하기도 했다. 주일날 저녁이면 아빠 차 뒷자석은 아이들 운동화 흙먼지로 범벅이 되어 있었다. 그게 그렇게도 싫어서 짜증을 부리다가 부모님께 호되게 혼나기도 했다.

나는 아홉 살 때부터 고등학교를 졸업할 때까지 십 년간 피아노 반주를 했다. 주일학교, 여름성경학교, 수요예배, 금요 철야예배, 주일 대예배에 이르기까지 반주자가 필요한 때면 언제든 동원되었다. 부모님은 내가 피아노 반주로 봉사하는 것을 커다란 감사로 여겼다.

수요일 저녁이면 엄마는 학원 앞으로 나를 데리러 왔다. 수요예배 반주를 위해서였다. 나는 학원 수업을 듣다 말고 교회에 피아노를 치러 가야 했다. 시험 기간이고 뭐고 예외는 없었다. 커다란 가방에 책을 잔뜩 챙겨서 학원을 나오면서 나는 매번 짜증을 냈다.

"다른 엄마들은 공부를 하라고 난리라는데 엄마는 한다는 공부도

끊고 나오라고 하고…."

엄마는 끄떡도 하지 않고 반주로 봉사할 수 있음에 감사하라고 하

셨다.

"삶의 우선순위를 세우는 시간이야."

"작은 일을 소중히 해야 큰 사명을 감당할 수 있어."

이 두 가지 말씀을 귀에 못이 박히도록 들으면서 수요예배 자리로

향했다.

나는 유년을 피아노 선율과 찬송가 가사로 기억한다.

'어릴 적의 독서는 돌에 글을 새기는 것과 같다.'고 하는데 나는 찬송

가를 내 어린 날의 돌에 새긴 셈이다. 어른이 되어서야 그 선율과 가

사들이 하나의 감각으로 내 안에 깊이 박혀 있다는 것을 깨달았다. 손

끝을 통해 가슴으로 스며든 것이다.

당시 우리 가족이 다녔던 교회는 예배 시간마다 찬송가를 1장부

터 마지막장까지 꼬박꼬박 차례대로 불렀다. 그때는 참 고리타분하고

지루하다고 생각했다. 지금은 주옥같은 찬송가들을 한 곡도 빠짐없

이 깊이 경험했던 그 시간이 감사하다. 삶의 어느 순간 영혼 깊숙한

곳에서 찬송가 한 구절이 흘러나와서 뜻밖의 위로를 전해 줄 때가 있기 때문이다.

어릴 적 나는 언제나 열하나, 열둘을 하고 싶어 했다. 부모님은 나를 아홉으로 키우려 노력하셨다. 부모님은 작지만 가치 있는 것을 소중히 여기는 태도를 몸소 보여 주셨다. 열정을 북돋워 주기보다는 다독여 가라앉혀 주는 역할을 하셨다. 가득히 채워 주기보다는 비울 수 있는 삶을 살도록 가르쳐 주셨다.

아홉 살 때부터 억지로 피아노 앞에 앉아 찬송가를 연주했던 소녀는 이제 잔잔한 피아노 음악으로 매일 아침을 시작한다. 아무리 지치는 날에도 그때 그 음악을 들을 때면 영혼이 고요하고 평안해진다. 평생을 두고 이어갈 내 유년의 선율, 어린 날 부모님이 내게 주신 가장 귀한 선물이다.

늘 아홉 살 나무

정아령

    1월 24일은 하나밖에 없는 내 첫(1) 제자님이 하늘나라로 이사 (24)한 날이다. 숫자를 외우는 데 영 젬병인 내 오랜 습관이다. 이렇게 하면 평생 기억할 수 있을 것 같아서.

    초등학교 2학년을 보낸 겨울방학이었다. 소영이는 아홉 살에 교통사고로 식물인간이 되었다. 그 작은 몸에 자기 몸보다 더 큰 호스를 잔뜩 매달고서 힘겹게 견디다가 한 아이가 떠났다.

    내 나이 스물여섯, 나는 새내기 교사였다. 겁 없이 섬마을 선생님을 꿈꾸었던 탓일까. 외딴 시골의 작은 학교에 발령이 났다. 대한민국에서는 집과 가장 먼 곳이었다. 전교생 50여 명 중 내가 맡은 2학년은 여덟 명이었다. 그렇게 6학급 작은 학교에서 2학년 담임으로 첫 교직 생활을 시작했다.

나는 이제껏 그렇게 착하고 예쁜 아이를 본 적이 없었다. 어린 엄마와 할머니 손에 크던 아이라 내 딸처럼 품었던 특별한 아이였다. 아이는 한부모 가정 자녀였다. 소영이는 유순하고 말수가 적었다. 어느 날은 엄마의 큰 윗옷을 원피스처럼 입고 왔다. 마르고 작은 몸에 가슴이 훤히 들여다보였다. 나는 소영이를 살짝 불러내 옷핀으로 옷을 집어 주었다. 그동안 소영이는 순한 양처럼 잠자코 기다리며 수줍게 웃고 있었다. 학예회에서 씨스타의 '러빙유'를 추며 엉덩이 씰룩거리던 작은 몸이며, 받아쓰기를 아무리 많이 틀려도 기죽거나 자책하지 않고 그저 쌜쭉 웃던 그 해맑음, 선물 같던 그 아이를 찬찬히 떠올려 본다. 그리고 그게 소영이의 마지막이 되었다.

떠나간 사람은 얼른 잊어야 한다고 생각했다. 다른 무수한 지나간 인연들은 잘도 잊는 나인데, 이렇게 가까이에서 사랑하는 사람의 죽음을 지켜본 일이 처음인지라 이내 마음을 어찌해야 할지 도통 몰랐다. 왜 이렇게 소영이를 오래도록 기억하고 슬퍼해야 한다는 마음이 드는 걸까를 찬찬히 들여다보니 그 아래 뿌리 깊은 원망과 죄책감이 있었다.

'왜 교사가 된 첫해, 모든 순간이 소중하던 그때, 몇 안 되는 여덟 아이 중에서도 가장 예뻐하던 그 아이를 데려 가셨나요….' 하는 원망. 내가 일 년간 계획하고 함께한 그 많은 배움과 추억들이 한순간 모두 무의미한 것으로, 부질없는 것으로, 허무함으로 내려앉았다.

나와 함께한 기억을 마지막으로 떠난 아이…. 왜 나는 그 무수한, 의미 있다고 생각했던 활동을 하기 이전에, '길을 건널 때 손을 들고 양옆을 반드시 살피며 건너야 한다'는 교통안전을 제대로 가르치지 않았나.

모든 것이 내 탓 같았다. 교통사고 소식을 듣자마자 무의식중에 내 교육과정에 교통안전 교육을 잘 넣어 두었던가부터 더듬었던 비겁한 나 자신이 부끄러워 견딜 수 없었다. 아이들이 다쳐도 내 탓, 아파도 내 탓인 게 교사라는 것이 한없이 무거울 때였다. 일 년 내내 교감 선생님께 혼나며 일을 배웠는데, 대체 애들 안전교육을 어떻게 한 거냐고 따져 물으시면 어쩌나. 모두가 나를 손가락질 할 것만 같았다.

계속되는 사고 소송에 힘드실 소영이 부모님과 오래도록 연락을 했다. 정인의 '장마'라는 노래를 듣고 듣고 또 들으면서 견뎠던 시간에, 어머님께 내가 듣고 있는 노래들로 같잖은 위로를 건네는 것밖엔 할 수 있는 게 없었다.

겨울 방학 전 어느 날, 아이들이 급식 시간에 소영이 얘기를 하다가 내게 먼저 소영이를 보러 가자고 했다. 그 마음이 너무 예쁘고 기뻐서, 네 명밖에 안 되는 우리 아이들을 데리고 수목장을 한 소영이 나무에 가자고 약속을 했다. 하지만 아이들의 안전과 민원을 우려하는 목소리에 욕심을 접어야 했다.

재작년에 부모님께서 허락하신 몇 명의 아이들과 함께 장례식장에 다녀왔다. 그 후로 아이들에게 죽음을 어떻게 이야기해 줘야 할지 생각이 많아졌다. 빨리 잊도록, 너무 오래 슬퍼하지 않도록 가르쳐야 할까. 아니면 오래도록 소중하게 추억할 수 있도록 도와줘야 하는 걸까. 그러나 내 깊은 고민과는 별개로 아이들은 자연스럽게 추억하고 또 자연스럽게 잊어 갔다.

"선생님 소영이가 꿈에 나왔어요." 소영이와 절친했던 유정이는 아무렇지 않게 소영이 이야기를 하곤 했다. 장례식장에서 그리도 담담하던 2학년 아이들의 모습이 오히려 나를 가르쳤다.

1월 24일은 하나밖에 없는 내 첫(1) 제자님이 하늘나라로 이사(24)한 날이다. 그날 보러 가지 않아서인지 어제오늘 내내 악몽을 꿨다. 장례식에 다녀온 다음날에도 처음으로 가위에 눌렸었는데, 얼핏 그 애가 왔었나 해서 무섭지 않았다.

그 후로 나는 '죽음 교육'에 관심을 두기 시작했다. 《마지막 선물》이라는 책을 다시 읽었다. '웰다잉(죽음에 대한 준비)'이 '웰빙(잘 사는 것)'보다 더 중요하다는 것을 깨달았다. 학교에서도 죽음 준비 교육이 필요하다고 생각한다. 아이들과 유서 쓰기 활동을 하면서 죽음을 받아들이다 보면, 주어진 하루하루가 더 소중해진다. 작은 소영이가 내게 준 큰 가르침이다.

6년이 지나고야 소영이 나무를 찾았다. 나무는 학교 바로 뒷산에 있었다. 이렇게 가까운 곳을 그렇게나 멀리 돌아왔구나. 너무 늦게 와서 미안해, 소영아. 가는 길에 '천사', '이쁜이'라고 적힌 반짝이 핀을 사서 나무에 걸었다. 그리고 돌아오는 소복한 눈길엔 뽀드득 소리만 유난히 컸다.

2019. 1. 24. 소영이가 하늘나라로 이사한 날에

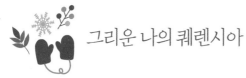

그리운 나의 퀘렌시아

박미정

　아이들이 모두 집으로 돌아간 오후, 나는 창밖을 바라보며 숨을 크게 들이마셨다. '아, 이제야 살 것 같다.' 6학년 아이들과 감정 싸움을 하느라 잔뜩 조였던 마음이 단번에 풀렸다. 산기슭에 있는 학교라 교실 창으로 보이는 풍경이 최고다. 완만한 산등성이와 나무, 풀, 들꽃이 눈에 한가득 들어온다. 특히 여름에는 짙고 싱싱한 초록빛이 황홀하기까지 하다. 그날도 그랬다. 뜨거운 여름 햇살이 초록빛을 더 진하게 우려냈다. 초록 향과 빛깔에 취해 아무것도 할 수 없었다.

　"눈으로만 볼 거야? 직접 가야지."
　등 뒤에서 묵직하고 울림이 큰, 나이 든 남자의 목소리가 들렸다.

학년 부장님이 손에 대금을 들고 서 있었다. 나는 어리둥절해서 눈만 껌벅껌벅했다. 부장님은 퇴근해서 학년 선생님들과 학교 뒷산에 가자고 했다. 그리고는 아무 책상에나 턱 걸치고 앉아 대금을 불었다. 내가 대금 소리를 직접 들은 건 그때가 처음이었다. 인간이 들숨과 날숨으로 빚어내는 정직한 소리, 고단한 삶을 담담히 받아 내는 소리였다.

눈에 가득 들어찬 초록빛, 귀로 들어와 마음까지 흔들어 대는 대금 소리. 시간이 멈춘 듯 했고, 꿈꾸는 것만 같았다. 아내, 며느리, 엄마라는 이름 아래 꾹 눌러둔 감정이 슬며시 깨어났다. 출근길 엄마와 떨어지기 싫다던 아이 울음소리, 전화기로 들려오던 친정 엄마의 깊은 한숨 소리, 주방 한쪽에 쌓아 두고 읽지 못한 책들, 몇 년째 냉장고에 붙여 둔 사이버대학교 문예창작과 입시 안내문. 눈 주위가 뜨거워지며 눈물이 왈칵 터지려는 걸 겨우 참았다.

퇴근 후 부장님과 학교 뒷산에 갔다. 흙 내음을 맡으며, 쓰러진 나무줄기를 쓰다듬으며 올라갔다. 20분 정도 지났을까. 이마에 땀이 송골송골 맺힐 때쯤 낮은 평지가 나왔다. 조금 더 가니 건너편 산기슭으로 건너가는 다리가 있었다. 다리 한 가운데 서니 시원한 바람이 불어

왔다. 바람은 땀을 식혀 주고, 젖은 머리카락을 넘겨 주었다. 눈을 감으면 바람결을 더 선명하게 느낄 수 있었다. 얼굴을, 어깨를 살짝 휘감아 품는 바람이 좋았다.

그날부터 그곳은 내게 특별한 장소가 됐다. 나는 그곳을 '바람길'이라 부르며, 자주 찾았다. 눈 꼭 감고 바람결을 느끼며, 이어폰으로 대금 연주를 들었다. 〈천년학〉, 〈꽃의 동화〉, 〈축제〉를 주로 들었다. 아는 대금 연주곡이 없어서 부장님이 자주 연주하는 곡을 감상했다. 대금 소리는 '바람길'과 아주 잘 어울렸다. 내가 내뱉는 숨이 바람이 되고, 다시 바람이 내 숨이 되어 몸으로 들어왔다.

부장님 반에서는 일 년 내내 대금 소리가 들렸다. 낮게 울리는, 묵직한 소리가 복도를 지나 내 교실까지 건너왔다. 그때마다 나는 '바람길'을 생각했다. 그곳에 서서 바람에 폭 싸였을 때를 되새기기만 해도 몸에 힘이 생겼다. 전쟁 같은 새벽 출근길도 견딜 만했고, 6학년 아이들과 지내는 일도 어렵지 않았다. 생각만으로 달래지지 않는 날은 산에 올랐다. '바람길'에서 숨을 고르며, 마음을 다독였다.

류시화는 《새는 날아가면서 뒤돌아보지 않는다》에서 '퀘렌시아'를 말한다. 스페인 투우 경기장에는 투우소가 싸움 중에 잠시 쉬면서 숨을 고르는 공간이 있는데, 스페인어로 '퀘렌시아'라고 한다. 그는 현대인도 상처 받은 몸과 마음을 회복할 수 있는 자신만의 '퀘렌시아'가 필요하다 썼다. 돌이켜 보면, 그 시절 대금 소리와 '바람길'은 나의 '퀘렌시아'였다. 그 안에서 스스로를 위로하고, 다시 일으켜 세웠다.

그 뒤로 5년이란 시간이 흘렀다. 지금 학교는 아파트와 상가, 8차선 도로로 둘러싸여 있다. 나는 요즘도 종종 대금 연주를 들으며 창가에 선다. 하지만 교실 창밖으로 보이는 건 회색빛 하늘과 거대한 교회 건물뿐이다. 불쑥 교실 문을 열고 들어와 "뭐 해?" 하며 정적을 깨 주는, 반가운 목소리도 이젠 없다. 그리운 나의 퀘렌시아! 빛나는 초록, 가슴을 울렁이는 대금 소리, 그리고 포근했던 '바람길'. 그때 그 시절 추억만 아련하다.

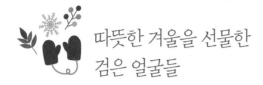

따뜻한 겨울을 선물한
검은 얼굴들

이지애

추운 겨울이면 새까만 얼굴로 웃는 아이들이 떠오른다.
웃을 때마다 하얗게 드러나는 가지런한 이가 유독 더 돋보이는 아이
들. 따뜻한 겨울을 선물한 아이들은 지금도 잘 지내고 있을까?

4학년 2학기가 끝나갈 무렵이었다. 학년 말은 느슨해지기 쉽다. 아
이들이나 선생님이나 모두 표정 없는 얼굴로 교과서를 펼쳤다. 가라
앉은 분위기를 바꿀 겸 교과서에 나오는 내용 중에 가장 해 보고 싶은
것을 찾아보라고 했다. 그제야 아이들은 생기를 되찾은 눈빛으로 교
과서를 열심히 뒤적였다. 모두 바자회를 열고 싶다고 했다. 다른 학년
을 초대해 왁자지껄하게 물건을 파는 재미를 상상했나 보다.

나는 달랐다. 단원 목표에 맞게 지역 사회를 위한 바자회를 해야 한다고 생각하니 머리가 복잡해졌다. 바자회 수익금은 지역에 작게나마 도움이 되는 일에 써야 한다는 압박감이 나를 조여 왔다. 새로운 일을 벌인다는 게 귀찮기도 했다. 어떻게든 학교 안에서 해결하는 수준으로 아이들을 설득해 보려 했지만, 그들의 강한 의지를 꺾을 수 없었다. 바자회에 한껏 흥분한 아이들의 마음을 다른 곳으로 돌리기에는 너무 늦었다.

결국 내가 먼저 백기를 들었다. 아이들은 바자회 수익금을 본인 주머니에 넣는 것을 기대했다. 하지만 나도 그것만큼은 절대 양보할 수 없었다. 수익금을 어떻게 써야 할지 아이들과 함께 고민했다. 조심스레 연탄을 사서 연탄 배달 봉사를 하는 건 어떠냐고 제안을 했다. 모두 흔쾌히 내 제안을 받아들였다. 그렇게 일은 시작됐다.

저마다 집에서 안 쓰는 물건을 가져왔다. 액세서리, 고무 딱지, 유희왕 카드, 어릴 때 가지고 놀던 장난감, 학용품, 책가방, 별별 물건이 다 나왔다. 나도 열심히 보탰다. 숄더백, 안경테, 인형, 사은품으로 받은 텀블러, 집을 샅샅이 뒤져 팔 수 있는 물건은 다 챙겨 왔다. 한 곳에 모아 두니 꽤 풍성했다. 바자회 포스터를 만들어 학교 곳곳에 붙이고, 며칠 동안 손님맞이를 준비했다.

드디어 바자회 날, 중간놀이 시간이었다. 전교생과 교직원이 4학년 교실에 모였다. 교실은 금세 와자지껄한 시장이 되었다. 가장 인기가 많은 곳은 음식 코너였다. 신기하게도 집에서 먹는 것보다 학교에서 먹으면 더 맛있고, 급식소보다 교실에서 먹으면 더 맛있는 떡볶이와 라면. 교직원도 학생들 사이에 끼어 음식 코너에 줄을 섰다. 음식을 컵에 담는 게 익숙하지 않은 우리 반 아이들을 대신해 6학년 여학생 둘이 도와주어, 음식 코너는 제일 먼저 영업을 종료했다.

중간놀이 시간이 점점 끝나가자 우리 반 아이들은 더 분주해졌다. 반에서 가장 똑똑한 아이는 고무 딱지를 파격 세일가로 팔기 시작했다.

"떨이에요, 떨이. 10개에 500원. 지금 안 사면 못 사요."

그 녀석은 호객 행위를 기가 막히게 했다. 물건을 사러 온 아이들에게 서비스로 다른 물건도 챙겨줄 줄 아는 타고난 장사꾼이었다. 우리의 총 수익은 178,850원. 학생 14명이 100명도 안 되는 사람들에게 물건을 판 돈이다. 기대 이상으로 모였다. 아이들은 돈을 조금 탐내기도 했지만, 약속한 대로 모든 수익을 연탄 구매에 쓰기로 했다.

교장 선생님께서는 좋은 일을 한다며 토요일에 연탄 나눔 봉사가 끝나면 점심을 사 주시겠다고 하셨다. 우리의 목표는 연탄 1,000상 배달이었다. 꽤 많은 양이라 열네 명으로는 부족했다. 마침 5학년도 함게 참여하고 싶다고 하셨다. 덕분에 마음은 더 든든해졌다. 강릉 연탄 은행에 연락해 보니 생각보다 순조롭게 일이 풀렸다. 연탄 은행이 연탄을 준비하는 일부터, 배달 갈 가정을 정하는 일까지 다 알아서 준비해 주었다. 우리는 건강한 몸과 장갑만 있으면 됐다. 시작하기 전부터 긴장했던 것이 무색하게 배달 준비는 쉽게 끝났다.

토요일 아침, 운동장에는 교장 선생님을 포함해 학생, 학부모, 교사 38명이 모였다. 형, 누나를 따라온 저학년 아이들도 있었다. 위생 장갑을 끼고 그 위에 빨간 목장갑을 꼈다. 장갑이 너무 컸는지 아이들은 상갑의 손목을 계속 몸 쪽으로 당겼다. 마지막으로 검정 앞치마까지 두르니 꽤 그럴듯해 보였다.

연탄 한 장은 꽤 무거웠다. 의욕부터 앞선 나는 연탄을 두 장씩 들었다가 화들짝 놀랐다. 힘센 학부형 몇 분을 빼고는 모두 연탄을 한 장씩 가슴팍에 품고 조심히 날랐다. 보잘것없어 보이는 검은 연탄 하나가 만들어 낼 온기를 생각하니 허투루 할 일이 아니었다. 한 사람이 30장 정도는 옮겨야 하는 많은 양이라 쉽지 않은 일이었다. 하지만 몸은 힘들어도, 연탄을 배달하는 내내 웃음이 끊이지 않았다. 서로의 얼굴에 연탄재를 묻혀 주며 아이들은 우정을 과시했다. 연탄이 손에서 손으로 옮겨갈 때마다 우리 마음에도 따뜻함이 전해졌다.

우리는 다섯 가정에, 연탄 200장씩 따뜻한 마음을 배달했다.

봉사를 마치고 점심을 먹으러 다시 학교로 왔다. 우리의 속을 든든하게 채워 줄 짜장면이 배달되었다. 화단 경계석에 나란히 앉아 아이들은 '후루룩 짭짭, 후루룩 짭짭, 맛 좋은 짜장~' 마이콜처럼 재로 덮인 새까만 얼굴로 검은 면을 빨아 당겼다. 맛없기로 소문난 이 동네 유일한 중국집 짜장면이 그날따라 무척 맛있었다. 운동장에는 햇살이 가득했다. 햇살 때문인지 우리 마음 때문인지 알 수는 없지만, 따뜻한 오후였다.

그동안 병 속에 갇힌 벼룩처럼, 교실에만 갇혀 있었다. 밖으로 나가면 안 될 것 같은 불안감에 더 움츠러들었다. 하지만 우리가 검은 재를 뒤집어쓴 채 온몸으로 사회를 공부했을 때, 배움은 더 깊고 넓게 남았다. 우리 마음을 따뜻하게 한 그날은 오래 기억 될 배움이자 추억이다. 앞으로도 나와 아이들 모두 삶이 더 깊고 넓어졌으면 좋겠다. 그날의 검은 얼굴을 기억하며.

산타를 믿나요

김래연

크리스마스는 캐럴 소리로 시작된다. 한 달여 전부터 거리 곳곳에 트리가 걸리고, 캐럴이 내려앉는다. 캐럴을 듣고 있노라면 크리스마스에 얽힌 추억들이 새록새록 돋아난다. 크리스마스의 정취에 빠져들 무렵이면 어느새 서민재, 이름 석 자가 또렷이 떠오른다. 10년의 세월이 무색할 만큼 아이 눈동자의 빛깔이며, 머리카락의 모양, 표정 등이 아직도 선연하다. 민재의 온기를 따라 기억을 거슬러 가면 어느 시골 학교, 1학년 교실의 모습이 눈앞에 펼쳐진다.

"선생님, 민재가 또 거짓말 했어요."
헐레벌떡 들어오는 혜인이의 볼에 차가운 겨울바람이 묻었다.

"또?"

나의 이마에 주름이 깊게 팼다. 앞으로는 절대 거짓말을 하지 않겠다고 약속한 게 그제였다. 절대 그냥 넘어갈 수 없는 문제였다. 교실을 둘러보았다. 민재는 보이지 않았다. 대신, 찬바람이 교실 창을 톡톡 두들겼다. 민재의 거칠게 튼 손이 생각났다. 곧 수업이 시작된다는 핑계로 민재를 불러들였다.

민재는 쭈뼛거리며 교실에 들어왔다. 검게 그은 얼굴에 난처한 표정이 어렸다. 나는 2년 차 교사의 성급함으로 민재를 다그쳤다.

"민재야, 또 거짓말을 했니?"

민재가 마른 침을 바짝 삼켰다. 매번 이렇게 아이를 추궁해야 한다고 생각하니, 얕은 숨이 배어 나왔다. 반 아이들 말에 의하면 그네를 타고 있는 현미를 민재가 밀쳤다. 그리고 그 사실을 숨기려고 거짓말을 했다.

"아니에요. 선생님, 저는 정말로 거짓말을 한 적이 없어요."

억울하다는 듯 눈을 동그랗게 뜬 아이를 마냥 혼낼 수는 없었다. 마침 수업 종이 울린 터라, 긴 이야기는 잠시 뒤로 미뤘다.

일주일 전, 받아쓰기 시간이었다. 국어책에 나오는 문장을 10개씩

추려서 외우고, 받아쓰기 시험을 봤다. 조용한 교실에 아이들의 연필 소리만 울려 댔다. 긴장과 기대가 교차하는 순간이었다. 그때, 민재의 눈길이 슬며시 싹뭉인 동석이의 공책에 머무는 모습을 보았다. 민재는 떨리는 목소리로 침을 꼴깍 삼키며, 절대 아니라고 했다. 이틀 전에는 혜인이의 새 지우개가 없어졌다. 아이들을 한 명씩 따로 불러 이야기를 나눴고, 지우개는 민재의 호주머니에서 발견되었다.

골치가 아팠다. 나는 거짓말을 하면 안 된다고 늘 가르쳤다. 자신과 남을 속이는 일이고, 다른 사람에게 피해를 줄 수도 있기 때문이다. 한 번 거짓말을 하면, 상황을 모면하기 위해 또 다른 거짓말을 하게 된다. 민재는 벌써 세 번이나 거짓말을 했다. 자주 거짓말을 하는 것도 문제지만, 더 큰 문제는 너무도 태연하게 거짓말을 하는 것이다. 민재는 순진한 표정으로 눈을 동그랗게 뜨고 '진짜예요.'를 연발했다. 그럴 때면 끝까지 진실을 밝혀야 하는지, 아이의 말을 믿어 주어야 하는지 혼란스러웠다.

민재의 거짓말은 사실 여부를 가늠하기 어려웠다. 동그란 눈동자와 순수한 모습 때문만은 아니었다. 나는 민재가 안쓰러웠다. 검은 얼굴 가운데 핀 버짐이며, 바짝 올려 친 까까머리가 마음 아팠다. 민재는 할머니와 단둘이 살았다. 부모님이 이혼하면서 어린아이를 할머니 댁에 맡겼다고 했다. 조손 가정의 아이가 덜 사랑받는 것은 아니다. 우렁찬 목소리며, 해맑은 웃음을 짓는 민재를 보면 할머니의 각별한 애정이 느껴졌다. 그러나 거칠게 튼 손에 아이의 결핍이 드러났다. 민재를 생각하면 마음이 아렸고, 그만큼 더 믿고 싶었다.

그날 수업은 유달리 길었다. 아이들이 떠난 교실에 민재와 단둘이 마주 앉았다. 민재의 까맣고 동그란 눈을 지그시 바라보았다. 맑고 투명한 눈에 순수한 아이의 마음이 가득 담겼다. 그렇다. 감싸 주는 게 먼저다. 진실을 밝히기 전에 아이를 다독여야 한다고 생각하자, 말투가 절로 온화해졌다.

"거짓말을 하더라도 선생님은 민재를 미워하지 않아. 하지만 선생님이 진짜로 원하는 것은 민재가 솔직하게 말해 주는 거야."

나의 말에, 아이는 손을 만지작거리며 망설였다. 얼마지 않아 결심이 섰는지 입을 뗐다.

"선생님, 사실은 제가 현미를 밀쳤어요."

얼마나 애타게 기다렸던 순간인가. 설사 잘못을 했더라도 있는 대로 말해 주기만을 바랐다. 멋쩍은 듯 서 있는 민재가 무척이나 고마웠다.

민재를 돕고 싶었기에, 평소에 자주 거짓말하는 이유를 물었다.

"유치원 때 선생님이 거짓말하시는 걸 보고 배웠어요."

이마저도 거짓인가. 가까스로 진실과 만났는데, 또 다시 수렁으로 빠지는 느낌이었다. 나는 화가 나서 말했다.

"유치원 선생님께서 어떤 거짓말을 하셨는데?"

"크리스마스에 산타 할아버지가 온다고 했는데 안 오셨어요. 다른 아이들은 다 선물을 받았는데, 저는 하나도 못 받았어요. 밥도 잘 먹고, 할머니 말씀도 잘 들었는데…. 선생님, 저도 산타할아버지께 선물을 받고 싶어요."

민재의 눈에 눈물이 맺히기 시작했다. 한번 터진 눈물은 까만 볼을 타고 쉴 새 없이 흘렀다. 나는 아무 말도 못한 채 아이의 튼 손만 꼭 감싸 안았다.

12월 24일이 되었다. 나는 아이들의 책상에 선물을 올려놓았다. 산타가 웃는 모습이 새겨진 카드와 함께. 교실 문이 드르륵 열리고 아이들이 하나, 둘 들어왔다. 숙제를 잘해 와서, 동생을 잘 보살펴서, 밥을 잘 먹어서 받은 선물에 아이들은 즐거워했다. 그때, 민재와 눈이 마주쳤다. 눈동자 가득 기쁨이 넘쳤고, 버짐 핀 얼굴에는 순수한 웃음이 피어올랐다. 아이는 선물을 꼭 쥔 채, 나에게 다가와 귀엣말로 속삭였다.

"선생님, 저 이제 다시는 거짓말 안 할 거예요."

벌써 10년이 지났다. 민재도 훌쩍 자라 18살이 되었으리라. 산타가 존재할 수 없다는 사실은 진즉 알았을 것이다. 어쩌면 매년 산타 할아버지를 기다리고, 실망하면서 아름다운 전설 따위는 없음을 깨달았을지도 모르겠다. 하지만 살다 보면, 현실의 씁쓸함을 잊게 해 줄 달콤한 거짓이 한 스푼 정도 필요할 때가 있다. 민재가 산타를 믿으며 자라길 원했다. 찬바람이 불면, 또다시 거리마다 캐럴이 떠돌고 나는 민재의 작고 동그란 얼굴을 떠올릴 테다. 캐럴을 흥얼대다 우연처럼 그 아이를 만나면 두 손을 부여잡고 문득 묻고 싶다. 아직도 산타를 믿느냐고.

올 크리스마스엔 산타의 웃음이 민재의 두 손 가득 내려앉길 소망한다.

 고맙습니다

김진향

　　2014년에 휴직을 했다. 워킹맘으로 사는 10년 넘은 시간 동안 많이 지쳤다. 쉬고 싶었고 자신을 돌보고 싶었다. 언제부턴가 나는 점점 투명해져서 없어진 존재같이 느껴졌고, 그래서 휴직 기간 동안 다시 내 색깔을 찾으려 애썼다. 도서관을 뻔질나게 드나들고 좋아하는 책을 실컷 읽으며 마음을 달랬다. 그림책의 매력에 빠졌다. 아이들이 어릴 때 의무적으로 읽어 주던 느낌과는 완전히 달랐다. 그때부터 나를 위로하는 그림책들을 찾아 읽기 시작했다.

　　패트리샤 폴라코의 그림책을 좋아한다. 어린 시절 왕따를 당하고 놀림을 받으며 힘든 학교생활을 겪었으나, 난독증을 고치고 글쓰기

재능을 키워 준 선생님들과의 만남은 그녀의 인생을 바꾸어 놓았다. 사랑과 용기를 준 선생님들과의 자전적인 이야기로 그녀는 베스트셀러 작가가 되었다. 그중 《고맙습니다, 선생님》이라는 책은 특별히 감동적이었다. 직업이 교사인지라 이 책을 보며 여러 번 상상했다. 교직생활 중 제자에게서 진심 어린 마음이 담긴 이런 말을 들을 수 있다면 얼마나 뿌듯하고 행복할까 하고 말이다.

출근을 하지 않으니 몸은 편했지만 마음이 점점 무거워졌다. 휴직한 지 2년이 넘어가니 말로만 듣던 경력 단절녀가 내가 아닌가, 이렇게 나이만 먹어서 변해 가는 학교 분위기에 적응 못하게 되는 건 아닐까 두려웠다. 그렇게 불안한 마음으로 지내고 있던 어느 여름이었다. 고3이 된 제자 소윤이에게 메일이 왔다.

'안녕하세요, 선생님. 제가 교대 진학을 희망하고 있습니다. 그런데 자기소개서를 작성하는 와중에 어려운 점이 있어서 이렇게 연락을 드립니다. 평소 연락이 없다가 제 필요에 의해 이렇게 뒤늦게 연락드려서 죄송합니다. 저도 선생님처럼 훌륭한 교사가 되기 위해 노력하겠습니다.'

소윤이? 그 수줍음 많던 아이가 벌써 고3이구나. 교대를 가고 싶다고? 나처럼 훌륭한 교사가 되겠다니. 어지럽게 떠오르는 생각들로 잠시 당황스러웠다. 그렇지만 몇 년이나 지나 5학년 담임이었던 나를 떠올리고 도움을 청하는 제자가 고마웠다. 적극적으로 도와주고 싶었다. 휴직 기간 동안 무너져 내렸던 자존감이 한 순간에 회복되는 기분이었다.

진심으로 제자가 합격하기를 바라는 마음을 담아 답장을 썼다. 그러다 문득 궁금해졌다. 소윤이가 기억하는 내 모습은 어떤 걸까? 어설프고 부족한 점이 분명 있었을 텐데. 반면 교사로 삼기에 부끄러운 모습이 많았으면 어떻게 하나 걱정도 되었다. 그래서 답장 끝에 이렇게 물었다.

"소윤이가 기억하는 나는 어떤 선생님이었니?"

부디 좋은 기억이 남아 있기를 바라며 긴장되는 마음으로 답장을 기다렸다.

며칠 후 답이 왔다.

'선생님은 학급의 규칙을 명확하게 정해 주셨어요. 그 덕분에 각자 할 일이 명확해지고 반에서 지켜야 할 규범이 딱 정해져 있으니까 아이들도 잘 따라가서 학급 분위기가 좋았고요! 그리고 되게 청결도 중요하게 생각하셨던 것 같은 게, 개학 첫날에 아이들이 쓰레기통 주변에 쓰레기를 엉망진창으로 막 버려 뒀었어요. 그런데 이건 잘못된 거라고, 오늘만 딱 치워 줄 거라고 하시며 직접 청소하는 걸 보여 주신 기억이 나요.'

아, 안도의 한숨과 함께 피식 웃음이 났다. 인상 깊게 생각나는 게 쓰레기통 치운 일이라니. 그래도 말만 앞세우는 교사는 아니었다니 다행이다.

소윤이의 합격 소식이 궁금해서 내심 기다렸지만 한참이 지나도록 연락이 없었다. 요즘 교대 가기가 많이 어렵다던데 잘 안 됐을지도 모르겠다는 생각이 들어 먼저 연락하지 못했다. 한동안 애타게 메일을 기다리다가 나중엔 잊어버리고 지냈다. 그런데 다음 해 추석 연휴에 낯선 번호로 문자가 왔다.

'선생님 안녕하세요! 저 소윤이에요. 작년 입시철에 많이 불안하고 힘들었는데, 그때 도와주신 선생님 덕분에 원하는 교대에 올 수 있었어요. 감사 인사 드리고 싶었는데 매번 시기를 놓치다가 결국엔 추석 연휴에 맞춰서 이렇게 연락 드리게 되네요. 다시 한번 정말로 고맙습니다. 선생님.'

다른 말들보다 '고맙습니다, 선생님.' 그 문장에 눈길이 오래 머물렀다. 감동이 찌르르 원을 그리며 내 마음에 퍼져 나갔다. 행복하고 뿌듯한 마음이 차오르고 가슴이 뛰었다. 아, 이런 느낌이구나. 초등학교 교사가 되어 함께 교단에 서게 될 제자를 생각하니 뭐라 말할 수 없이 뭉클했다. 고등학교 은사님께서 내가 처음으로 맞이한 스승의 날에 직접 전화하셔서, "김선생~, 스승의 날 축하한다."고 말씀해 주셨던 순간이 떠올랐다. 나도 소윤이에게 그렇게 해 줄 날을 상상하며 좋은 본보기의 선배 교사가 되어야겠다. 더욱 책임감을 가지고 잘 살아야겠다는 다짐을 하며, 내 미래를 좀 더 고민해 보는 순간이었다. 어떻게 나이 들어 갈 것인가. 근사한 선배 교사가 되고 싶어졌다.

열심히 교대 생활을 하고 있는 소윤이가 방학 때 꼭 만나자고 했다. 만나면 무슨 얘기를 해 줄까, 어떤 선물을 주면 좋을까 행복한 고민을 하다가 《고맙습니다, 선생님》을 주문했다. 나처럼 마음이 힘들 때 위로를 받을 수 있길 바라는 마음으로. 그리고 언젠가 소윤이에게도 이런 말을 해 주는 제자가 많이 생기기를 바라는 마음까지 담아 책 앞장에 이렇게 적어 줘야지.

'어느 해 무너졌던 내 자존감을 회복시켜 준 소윤이에게.

소윤아. 내가 더 좋은 선생님이 되고 싶게 해 줘서, 먼저 가고 있는 길에서 지치지 않게 해 줘서 고마워.'

고맙습니다, 나의 제자 소윤.

김누리

참 설렙니다. 예작을 만나고 제겐 모든 날이 꿈같았습니다. 무기력했던 제가 용기를 내고, 글쓰기에 열정을 쏟았습니다. 용기를 낼 수 있도록 밤낮으로 애쓰고 도와주신 멘토 김성효 장학사님과 예작 선생님들 모두 감사합니다. 일 년 동안 막내딸 응원해 준 우리 가족, 감사합니다. 이 책이 선생님들께서 힘드실 때 찾는 술 한 잔과 같은 책이 되면 참 좋겠습니다.

김래연

누구에게나 특별한 순간이 있습니다. 예작과 함께한 2018년이 저에게는 잊지 못할 한 해였습니다. 글을 쓰는 방법을 배웠고, 세상을 바라보는 시각을 넓혔으며, 작가의 꿈을 품게 되었기 때문입니다. 함께 울고 웃으며 글을 쓴 예작 선생님들과 멘토 김성효 장학사님, 감사합니다. 예작 안에서 꿈을 꿀 수 있도록 옆에서 응원해 준 가족에게도 감사와 사랑을 전합니다. 쓸 수 있어서 행복한 시간이었습니다.

김상미

2018년 〈성효 샘과 함께하는 예비작가모임〉에 참여하면서 쓴 글을 다시 읽어 보았습니다. '내가 이런 글도 썼구나!', '이땐 글이 안 써져서 힘들었지.', '그래도 꽤 썼네.' 인생 설계부터 수필과 서평 그리고 꼬리말까지, 글 좀 써 보겠다고 치열하게 고민했습니다. 예작이 없었다면 없을 소중한 기회였어요. 성효 샘과 예작 1기 여러분에게 감사합니다. 덕분에 글을 쓰고 책을 내는 새로운 꿈을 꾸게 되었습니다. 이제 다시 시작합니다!

김소원

제 글이 책에 실린 일이 아직도 꿈만 같습니다. 예작이 아니었다면 이런 귀한 경험을 아기 어려웠을 겁니다. 우리에게 하나라도 더 가르쳐 주려 애쓰신 멋진 멘토 성효 샘께 정말 감사드립니다. 앞으로도 좋은 글 많이 쓰라는 응원이 큰 힘이 됩니다. 저와 함께 글을 읽고 쓰신 예작 선생님들도 감사하고 축하드립니다. 마지막으로 제 글을 읽어 주신 독자님들, 늘 건강하고 행복하세요.

김진향

더 이상은 미룰 수 없었습니다. 마흔 살의 슬럼프와 우울감을 극복하기 위해 용기를 냈습니다. 그렇게 시작한 예작 모임은 글쓰기를 통해 나를 깊이 들여다보고 한 발 더 나갈 수 있도록 이끌어 주었습니다. 글을 공유하는 일은 쉽지 않지만, 그로 인해 서로가 얼마나 더 가까워지고 깊어질 수 있는지를 알게 되었습니다. 글을 나눈다는 것은 마음을 나누는 일입니다. 성효 샘과 예작 샘들 덕분에 부족한 글이지만 이렇게 함께 책을 엮게 되었습니다. 정말 감사합니다. 부족하다고 자꾸 숨는 것이 아니라 솔직하게 더 드러내야겠다는 결심을 하게 되었고, 나다움을 찾을 수 있는 용기를 내게 되었습니다. 함께했기에 가능했다고 생각합니다. 모두 고맙고 사랑합니다.

류윤환

꿈같은 한 해가 지나갔습니다. 책으로만 만났던 성효 샘을 직접 만나서 좋았고, 열정 가득한 예작 선생님들과 함께라서 많이 배웠습니다. 혼자였으면 쉽게 지쳤을 읽고 쓰는 과정이 함께였기에 가능했다고 생각합니다. 이제 우리의 만남은 줄어들겠지만, 각자의 자리에서 쓴 글로 다시 만날 것을 기대합니다. 일 년 동안 함께한 예작 선생님 그리고 멘토 성효 샘, 각자 자리에서 멋진 글쟁이로 살아가길 축복합니다.

박미정

글에는 거짓을 담을 수 없기에 '이게 진짜 나인가?' 자꾸 물어야 했습니다. 읽고 쓰면서 진짜 '나'를 만났습니다. 어두운 상처로 가득한 '나'를 만날 때는 무척 힘겨웠습니다. 허세와 자만심으로 가득한 '나'를 만날 때는 부끄러워 숨고 싶었습니다. 하지만 꾸역꾸역 쓰다 보니 그 모든 게 다 '나'라는 걸 받아들이게 되었습니다. 이제 내가 누구인지, 무엇을 할 수 있는 사람인지 압니다. 어떻게 살아야 행복한지도 압니다. 계속 읽고 쓰며 살겠습니다. 다 예작 덕분입니다. 내 삶의 터닝 포인트, 예작입니다.

서영배

인연이란 게, 참 깊은 배움으로 이어진다는 생각을 합니다. 2016년 성효 샘과의 인연이 '글'과 '책'으로 다시 이어져 결과물이 나왔습니다. 결과물 앞에서 예작의 시작과 끝이 그려집니다. 지난 1년의 기억을 되짚어 보면서 성효 샘과 함께 한 예작 모든 분들께 감사의 마음을 남깁니다. 더불어, 책으로 또 만나기를 욕심내 봅니다.

유힘찬

시골 교사가 매달 서울에 올라왔습니다. 살면서 문예상은 한 번도 받아보지 못했을 정도로 글 재주가 없던 제게는 낯설고 긴장되는 시간이었습니다. 역시나 글쓰기는 지난한 일이었습니다. 하지만 좋은 동료 교사들을 만나 큰 힘을 얻었습니다. 함께 배우고 서로 도와주는 시간이 늘어날수록 글도 깊어져 갔습니다. 사람만 남겨도 성공한 거라고 여겼는데, 이렇게 책까지 출판하게 되니 더할 나위 없이 행복합니다. 감사합니다. 김성효 선생님과 예작 1기 동료분들 덕분에 아주 행복한 한 해였습니다.

이재은

"내 멘토다!" 1정 연수 때 김성효 장학사님 강의를 듣고, 푹 빠졌습니다. 그 삶의 발자국을 따라가고 싶었습니다. 새벽 6시 기차를 타고, 울산에서 서울로 매달 예작 모임에 참석했습니다. 올 한 해 여러 선생님과 함께 치열하게 배우고, 쓰고, 고민했습니다. 배움의 기회를 주신 김성효 장학사님께 마음 깊이 감사드립니다. 부족한 글이지만 공저에도 참여하게 되어 기쁩니다. 제 멘토 김성효 장학사님처럼 저도 세상을 이롭게 하는 글을 쓰기 위해 애쓰겠습니다.

이지애

2016년 늦가을, 꿈의 목록을 적어 봤습니다. 백여 개쯤 적었지요. 그중 하나가 '내 저서 갖기'였습니다. 그로부터 몇 달 뒤 김성효 선생님께 글쓰기를 배울 수 있는 기회가 왔습니다. 덕분에 일 년 동안 글쓰기에 흠뻑 빠졌습니다. 삶을 찬찬히 돌아보고 생각을 글로 옮기면서 제 자신을 만난 시간이었습니다. 글을 쓰면서 오랫동안 쌓인 상처들이 아물었습니다. 제 소박한 글이 책으로 엮인다니 조금 놀랍습니다. 제게 이런 기회를 주신 성효 샘과 이 과정을 함께한 동료 선생님들께 감사의 마음을 전합니다.

이현아

아이들 곁에서 읽고 쓰면서 2017년 독립 출판으로 '덮으면서 다시 시작하는 그림책'을 출간했습니다. 2018년에는 혼자 쓰는 것에서 나아가 다양한 선생님들과 함께 쓰는 시간을 가지고 싶었고 예작 선생님들을 만났습니다. 1년 동안 귀한 선생님들과 함께 서로의 글을 나누고 삶을 성찰할 수 있어 행복했습니다. 함께 걸어온 성효 샘과 문우들에게 감사의 마음을 전합니다.

정아령

예작에서 원 없이 글을 썼습니다. 마음 깊이 물길을 끌어올려 원 없이 글을 나누면서 내 마음의 물길을 새로이 낼 수 있었습니다. 나와 학교, 교육과 공동체를 돌아보면서 새로운 힘과 용기를 얻었습니다. 글을 통해 치유하고 성장한 한 해, 제 인생에 다신 없을 시간으로 기억합니다. 글을 나누는 믿음직한 문우가 생긴 것이 제게 더없는 재산입니다. 글로 동고동락했던 예작과 성효샘, 진심으로 애정합니다.

맺음말

한지혜

2018년, 소중한 한 해였습니다. 예작을 통해 '같이'의 가치를 피부로 느꼈습니다. 혼자가 아닌 함께 모여 글 쓰며 웃고 울 수 있어 참 좋았습니다. 더욱이 단순한 글쓰기를 너머 삶을 살아가는 지혜를 배울 수 있었습니다. 작년 한 해동안 김성효 선생님과 동료 선생님들을 만나 훌쩍 성장한 스스로를 봅니다. 꿈 너머 꿈을 위하여, 삶의 참된 가치를 위하여 살아가는 작가님들의 아름다운 앞 길을 축복합니다.

김성효

예작 1기와 함께 한 지난 1년은 함께 글을 쓴다는 것의 가치를 깨닫는 시간이었습니다. 늘 혼자 글을 써 온 저에게 예작에서의 시간이 많이 공부하고 성찰하는 기회가 되었기에 더 감사합니다. 예작 1기 선생님들과 많은 것을 함께 했기에 헤어지는 것도 많이 아쉽고 서운합니다. 우리가 함께 쓴 글이 세상을 이롭게 하는 귀한 글로 남는다면 더 바랄 게 없겠습니다.

책을 읽어주신 독자님들, 그리고 예작 1기 선생님들 모두 사랑하고, 축복합니다. 늘 행복하세요.

김성효

'성효 샘과 함께하는 예비작가모임' 대표, 전북교육청 장학사, 세상을 이롭게 하는 글을 쓰는 작가. 대표 저서로 《학급경영멘토링》, 《선생님 걱정 말아요》 등이 있습니다.

김누리

인천 신광초등학교 교사. 예작 1기. '스스로 하고 함께 하는 행복한 학급'이라는 급훈으로 5년째 아이들과 지내고 있습니다.

김래연

전북 황강초등학교 교사. 글을 쓰고 싶다는 마음 하나로 예작에 들어와 많이 배우고 느끼며, 일 년을 보냈습니다. 앞으로도 글과 함께 행복하게 살고 싶습니다.

김소원

광명 충현초등학교 교사. 예작 1기. 글쓰기와 책을 좋아하는 사람. 아이들과 행복하게 함께 성장하기를 꿈꾸는 교사입니다.

김상미

대전 느리울초등학교 교사. 아이들과 함께 하며 하루살이 하다 보니 어느덧 19년째 초등교사. 쉼 없이 배움에 도전하다 '예작'을 만나 글을 쓰고 책을 내는 새로운 꿈을 꾸게 되었습니다.

김진향

수원 영일초등학교 교사. 읽고 배우며 나누는 선생님으로 아이들과 함께 성장하고 싶습니다. 나이 들수록 앞으로의 삶이 더 신나고 반짝이기를 기대합니다. 공저로 《다시, 온작품읽기》가 있습니다.

류윤환

서울 신천초등학교 교사. 아이들과 함께한 추억이 휘발되는 게 아쉬워 기록하기 시작했습니다. 쓰다 보니 글 욕심이 생겼고 책 출판을 꿈꾸게 되었습니다. 저서로는 《새콤달콤 법칙 사전》이 있습니다.

박미정

수원 곡반초등학교 교사. 책과 사람이 함께하는 시공간에 있을 때 행복을 느끼는 책벌레. 교실에서 아이들과 눈 맞추며 책 읽어 주고, 시끌벅적 책수다 떨며 삽니다. 공저로 《다시, 온작품읽기》가 있습니다.

서영배

인천 천마초등학교 교사. 가족과 함께 세계 일주를 꿈꾸는 30대. Tnara와 i-Scream에서 6년간 일하다 다시 학교로 돌아와 교사의 전문성과 학교의 역할에 대해 고민하고 실천하며 살아가는 teacher YB입니다.

유힘찬

경북 영주 영일초등학교 교사. 매년 1cm씩 성장하는 교사. 아이들과 함께 성장하고 있는 교사의 삶을 글로 표현하고 싶었습니다. 예작을 만나 길을 찾게 되었고. 무엇보다 든든한 동료가 생겼습니다.

이지애

서울 양화초등학교 교사. 예작 모임에서 함께 글 쓰며 제 자신과 만나는 시간을 가졌습니다. 이제는 글로 더 성숙한 사람이 되길 꿈꿉니다.

이재은

울산 서부초등학교 교사. 삶으로 가르치는 것만이 남는다고 믿습니다. 앞으로도 세상을 이롭게 하는 글을 쓰겠습니다.

이현아

서울 홍릉초등학교 교사. 아이는 가슴 속에 자기만의 언어를 가진 존재라고 믿습니다. 5년째 교실 속 그림책 창작 프로젝트를 지속하며 어린이 작가들과 200권이 넘도록 그림책을 창작하고 있습니다. 교육미술관 통로를 운영하며, 좋아서 하는 그림책 연구회를 이끌고 있습니다.

정아령

광명 구름산초등학교 교사. 교실 예술가. 글, 음악, 요가, 뮤지컬 등 예술로 소통하는 교실을 만들어 가고 있습니다. '작지만 거대하게, 사소하지만 위대하게' 8년째 교단에서 놀며 사랑하며 꿈꾸며 살고 있습니다.

한지혜

서울 구로남초등학교 교사이자 작가. 저서로는 《새콤달콤 속담/고사성어 사전》, 《영어 수업 놀이 111》이 있습니다. 기록하고 기억하며 기대하는 삶을 통해 꿈 너머의 꿈과 참된 가치를 소망하며 살고자 합니다.

교실을
엿보다